Der Mensch im Unternehmen

Band 11

STEFAN EBERHARDT
Abschied vom Taylorismus
Mitarbeiterführung in schlanken Unternehmungen

Die Deutsche Bibliothek – CIP-Einheitsaufnahme

Eberhardt, Stefan:
Abschied vom Taylorismus: Mitarbeiterführung in schlanken Unternehmungen / Stefan Eberhardt. – Leonberg: Rosenberger Fachverl., 1995
(Der Mensch im Unternehmen; Bd. 11)
Zugl.: Hohenheim, Univ., Diplomarbeit, 1994 u. d. T.: Eberhardt, Stefan: Mitarbeiterführung in schlanken Unternehmungen
ISBN 3-931085-00-7
NE: GT

© 1995 by Rosenberger Fachverlag, Leonberg
Das Werk einschließlich aller seiner Teile ist urheberrechtlich geschützt. Jede Verwendung außerhalb der engen Grenzen des Urheberrechtsgesetzes ist ohne Zustimmung des Verlages unzulässig und strafbar. Das gilt insbesondere für Vervielfältigungen, Übersetzungen, Mikroverfilmungen und die Einspeicherung und Verarbeitung in elektronischen Systemen.

Umschlaggestaltung: Eva Rosenberger, Leonberg
Lektorat: Manuela Olsson, M.A., Tübingen
Satz: UM-Satz- & Werbestudio Ulrike Messer, Weissach
Druck: Wilhelm Stäudle GmbH & Co., Öhringen
Printed in Germany
ISBN 3-931085-00-7

„*Nur wenn wir die kombinierte Kraft
der Gehirne aller Mitarbeiter nutzen,
können wir die Turbulenzen und Bedrohungen
der heutigen Umwelt in den Griff bekommen.*"

K. MATSUSHITA

„*Freilich ist es auch kein Vorteil für die Herde,
wenn der Schäfer ein Schaf ist.*"

J. W. VON GOETHE

Geleitwort

Unternehmungen, die in Zeiten turbulenter Umweltentwicklungen Erfolg haben wollen, müssen ihre hergebrachten Führungsmodelle zunehmend in Frage stellen, weil sich diese in ihren Implikationen überwiegend an den Erfordernissen der traditionellen industriellen Massenfertigung, also an den Gedanken der Arbeitsteilung, der Flußfertigung und der Divisionalisierung orientieren.

Die heutige Diskussion um neuere Unternehmungsführungs-Konzeptionen in der westlichen Welt wurde vor allem durch die anhaltende wirtschaftliche Krise zu Beginn der 90er Jahre und durch den gleichzeitig anhaltenden Erfolg, den japanische Unternehmungen auf den Weltmärkten aufzuweisen hatten (und großteils immer noch haben), ausgelöst. Die Erfolge im Land der aufgehenden Sonne machten in zunehmendem Maße stutzig: Waren sie zunächst mit der Rolle der japanischen Industriepolitik begründet worden (es sei an die Diskussion über das MITI vor einigen Jahren erinnert), so erkannten westliche Manager nun, wenn auch zögerlich, daß die eigentlichen Gründe, die für die weltweite Überlegenheit der japanischen Unternehmungen verantwortlich sind, eher im Bereich der Unternehmungsführung zu suchen und zu finden sind.

Im Zuge der notwendigen Neuorientierung der Unternehmungsführung richten sich seit einer Reihe von Jahren die Blicke der amerikanischen und europäischen Manager deshalb immer häufiger gen Osten: Die Konzeption des japanischen Unternehmungsführungs-Systems wurde und wird analysiert und auf westliche Verhältnisse zu übertragen versucht.

Zwischenzeitlich beschäftigt sich eine beinahe schon unüberschaubare Fülle an Literatur mit den Ursachen der wirtschaftlichen Überlegenheit fernöstlicher Unternehmungen. In dem Dschungel der unterschiedlichen Begrifflichkeiten wie „Lean-Production", „Lean-Management", „Lean-Enterprise", aber auch „Total-Quality-Management" oder „Value-Management" und anderer mehr fällt dem praxisorientierten Leser, insbesondere auch Führungskräften, die Orientierung fast zwangsläufig schwer, zumal auf eine konsistente Begriffsabgrenzung häufig verzichtet wird. In einer unzulänglichen Darstellung des Zusammenspiels der grundlegenden Faktoren liegt auch der entscheidende Grund dafür, daß die Funktionsweisen des in Japan praktizierten Führungssystems nicht immer wirklich verstanden werden; vor allem so sind auch Enttäuschungen zu erklären, die westliche Unternehmungen regelmäßig bei einer nur halbherzigen oder unvollständigen Implementierung fernöstlicher Management-Ansätze machen, die ihnen von einigen Autoren und Beratern als gerade „in" empfohlen und nahegelegt wurden und immer noch werden.

Die vorliegende Arbeit *Abschied vom Taylorismus – Mitarbeiterführung in schlanken Unternehmungen* leistet hier einen wichtigen Ansatz, indem sie mit der Konzeption der „schlanken Unternehmung" eine umfassende Darstellung der in Japan praktizierten Unternehmungsführungs-Konzeption liefert. Der Autor trägt somit sowohl zur klaren Systematisierung der begrifflichen Vielfalt als auch zur umfassenden und kompetenten Darstellung der grundlegenden Erfolgsfaktoren und Zusammenhänge bei. Exemplarisch stellt Herr EBERHARDT die wesentlichen Elemente einer schlanken Unternehmung vor. Ganzheitliches Denken, Konzentration auf die Wertschöpfung und die Kernaktivitäten der Unternehmung, konsequente Kundenorientierung, optimale Gestaltung der Zulieferung, der Aufbau- und der Ablauforganisation sowie die Konzentration auf den Menschen als entscheidenden Faktor.

Als die beiden maßgeblichen Wettbewerbsvorteile der „schlanken Unternehmung" erkennt und benennt er die

Geleitwort

Vermeidung jeglicher Verschwendung von knappen Ressourcen einerseits und die konsequente Berücksichtigung der Mitarbeiter und deren Bedürfnisse andererseits. Letzteres legt die Basis für eine neue, umfassende Betrachtung der Rollen und der Aufgaben, die der Mitarbeiterführung in einer solchen „schlanken Unternehmung" zukommen. Es wird deutlich, daß sich die Sichtweise des Managements vom Mitarbeiter ändern muß, will eine Unternehmung heute noch erfolgreich sein: Das Leistungspotential der Mitarbeiter kann nur aktiviert werden, wenn diese nicht länger als Kostenverursacher behandelt werden.

Dies ist auch der Kerngedanke, der sich in konsequenter Weise durch die vorliegende Arbeit zieht. Auf theoretisch fundierte Weise stellt Herr EBERHARDT die Elemente einer mitarbeiterorientierten Führung in schlanken Unternehmungen dar. Gruppenorientierte Arbeitsformen, Maßnahmen der Informations- und Kommunikationspolitik, der Personalentwicklung und der Mitarbeiterqualifizierung, die Förderung des individuellen und des organisationalen Lernens sowie die leistungsunterstützende Gestaltung von Anreizsystemen in schlanken Unternehmungen stehen dabei im Mittelpunkt.

Bei seinen Ausführungen läßt sich Herr EBERHARDT stets leiten von seinem Credo, daß die konsequente Mitarbeiterorientierung nicht nur aus der Sicht des einzelnen Mitarbeiters von Vorteil ist und diesem eine weitgehende Selbstentfaltung an seinem Arbeitsplatz ermöglicht, sondern daß nur durch die Beachtung der Bedürfnisse und Interessen der Mitarbeiter die wirtschaftliche Leistungsfähigkeit einer Unternehmung langfristig gesichert werden kann. Das Buch bietet theoretisch interessierten Führungskräften somit ein umfassendes Instrumentarium, das durch die Aktivierung des Leistungspotentials ihrer Mitarbeiter zu ökonomischem Erfolg beitragen kann.

Insofern handelt es sich bei der vorliegenden Schrift nicht um ein Werk, das nur den ohnehin schon vorhandenen Berg der Veröffentlichungen über neuere Unternehmungsführungs-Konzeptionen weiter anwachsen läßt, vielmehr leistet es für Führungskräfte mit Personalverantwortung einen wichtigen Beitrag zur notwendigen Neuorientierung der Mitarbeiterführung, die mit der Einführung neuer, fernöstlich inspirierter Management-Modelle notwendig verbunden sein muß.

Daß der Bedeutung der Mitarbeiterführung als Erfolgsvoraussetzung in Zeiten turbulenter Umweltentwicklungen die notwendige Aufmerksamkeit zuteil wird, ist für unsere Unternehmungen von großer Wichtigkeit. Die vorliegende Arbeit kann hierzu einen bedeutenden Impuls geben. Insofern weist der Autor, Herr DIPL. OEC. STEFAN EBERHARDT, einen Weg, der zur langfristigen Sicherung der wirtschaftlichen Leistungsfähigkeit von Unternehmungen von grundlegender Bedeutung ist, dem aber bislang nur wenig, zu wenig Beachtung geschenkt worden ist. Daß dieses nicht auch dem vorliegenden Werk passiert, wünsche ich dem Autor.

Stuttgart-Hohenheim, im November 1995
PROF. DR. HELMUT KUHNLE

Vorwort

Lean Management, in Deutschland auch als schlanke oder richtiger: magere Unternehmungsführung bezeichnet, hat in der tiefsten wirtschaftlichen Krise seit dem Zweiten Weltkrieg, welche die westliche Welt in den letzten drei Jahren durchleben mußte, ungeahnte Popularität erlangt. Der Grund dafür liegt wohl vor allem in dessen erheblichem Kostensenkungspotential: Im Konzept des Lean Management werden Fehler und Verschwendungen jeglicher Art in betrieblichen Abläufen, aber auch über die Unternehmungsgrenzen hinweg bei der Zusammenarbeit mit Lieferanten und Kunden, konsequent vermieden.

Dabei beruht das, was in westlichen Unternehmungen als Lean Management bezeichnet wird und hier seit 1992 eingeführt wurde, häufig auf einer Fehlinterpretation des in Japan schon seit langem erfolgreich angewandten Konzepts einer konsequent schlank gestalteten Unternehmung. Nicht das Konzept selbst bietet nämlich das Potential langfristiger wirtschaftlicher Leistungsfähigkeit, sondern einzig und allein die Mitarbeiterinnen und Mitarbeiter[1] in einer Unternehmung (freilich in Verbindung mit einem überzeugenden Unternehmungsführungskonzept). Mitarbeiter, die in der Tradition tayloristischen Denkens nach wie vor hauptsächlich als Kostenfaktor gesehen werden und die deshalb in permanenter Sorge um ihren Arbeitsplatz sein müssen, werden eher demotiviert und unproduktiv sein und damit kaum einen geeigneten Beitrag für die wirtschaftliche Prosperität ihrer Unternehmung leisten können. Im Gegensatz dazu werden Mitarbeiter, die als Menschen mit vielen individuellen Fähig- und Fertigkeiten anerkannt werden, die also nicht mehr nur Produktionsfaktor, sondern gleichbe-

---

[1] Im folgenden soll aus Gründen der sprachlichen Vereinfachung nur noch von Mitarbeitern die Rede sein. Selbstverständlich sind in dieser Formulierung nicht nur männliche Mitarbeiter, sondern auch alle weiblichen Mitarbeiterinnen eingeschlossen.

rechtigte Partner sind, einen optimalen Leistungsbeitrag erbringen können.

Deshalb ist es die vornehmste Aufgabe der Unternehmungsführung, ihre Mitarbeiter vor *diesem* Hintergrund zu führen und zu motivieren. Im Mittelpunkt steht dabei das Bestreben, den Mitarbeitern ihre Arbeit, die Zusammenhänge in der Unternehmung und das zugrundegelegte Führungskonzept verständlich zu machen.

Das vorliegende Buch hilft Führungskräften, ihre Mitarbeiter im Rahmen des Konzepts der schlanken Unternehmung als das entscheidende Erfolgspotential zu erkennen und anzuerkennen. Es konzentriert sich – nach der Darstellung des grundlegenden Konzepts der schlanken Unternehmung – auf die Bedeutung, die der Mitarbeiterführung in solchen schlanken Unternehmungen zukommt sowie auf konkrete Maßnahmen, in denen die veränderte Einstellung von Führungskräften gegenüber ihren Mitarbeitern zum Ausdruck kommt. Es will damit in der aktuellen Diskussion um schlanke Konzepte allen Führungskräften eine Hilfestellung bieten, wie sie das Potential, das in ihren Mitarbeitern schlummert, besser nützen können, und wie sie die wirtschaftliche Leistungsfähigkeit ihrer Unternehmung langfristig auch ohne die in der westlichen Welt zur Zeit immer noch gängige und beliebte Praxis eines umfangreichen Personalabbaus oder der massiven Einsparungen bei den freiwilligen betrieblichen Leistungen sichern können.

Die Entstehung und Veröffentlichung eines Buches ist immer auch auf vielfältige Mithilfe und Unterstützung angewiesen. Diesen Sachverhalt anerkennend möchte ich gerne die Gelegenheit wahrnehmen, mich bei all denen Personen zu bedanken, die zum Gelingen dieses Werkes beigetragen haben.

Besonders herzlich danke ich an erster Stelle meinem Verleger, Herrn WALTER ROSENBERGER, der mir wertvolle Anregungen gegeben hat und ohne den das vorliegende Buch hätte niemals veröffentlicht werden können. Danken möchte ich vor allem auch Herrn Prof. Dr. Helmut Kuhnle, der mich während der Erstellung dieser Arbeit zuverlässig und konstruktiv betreut hat. Herr Dipl. oec. André Schmidt hat durch seine kritische Durchsicht des Manuskripts und durch seine Anmerkungen in mancher Diskussion zum Gelingen beigetragen, ebenso Herr Steffen Ammon, der eine der letzten Versionen des Manuskripts durchgesehen und mir wichtige Hinweise gegeben hat, einige Textpassagen noch deutlicher und damit für den Leser besser verständlich zu machen. Frau Manuela Olsson, M.A., hat durch ihre gleichermaßen zügige wie behutsame Arbeit als Lektorin des Rosenberger-Fachverlages ebenfalls einen wichtigen Beitrag zu dem hier vorliegenden Buch geleistet. Schließlich gilt mein Dank auch meinem Vater, Herrn Dietrich Eberhardt, der durch seine praxisorientierte Sichtweise einen nicht unerheblichen Anteil daran hat, daß das vorliegende Buch nicht allzusehr den Charakter einer theoretischen Trockenübung erhielt. Darüber hinaus hat die Unterstützung meiner Eltern diese Arbeit überhaupt erst ermöglicht, wofür ich Ihnen zu einem ganz besonderen Dank verpflichtet bin.

Stuttgart-Hohenheim, im November 1995
Stefan Eberhardt

Inhaltsverzeichnis

Geleitwort von Prof. Dr. Helmut Kuhnle I

Vorwort V

Inhaltsverzeichnis IX

Abbildungsverzeichnis XV

1 Einführung 1

2 Das Konzept der schlanken Unternehmung 11

   2.1 Das Konzept der Lean Production 11

      2.1.1 Die handwerkliche Einzelproduktion 13
      2.1.2 Die industrielle Massenproduktion 14
         a) Arbeitsteilung:
           Das Scientific Management von Taylor
           als Grundlage der Massenproduktion ... 14
         b) Flußfertigung:
           Der revolutionäre Gedanke von Ford 15
         c) Divisionalisierung:
           Das Profit-Center-Konzept von Sloan
           als Ergänzung im Management 16
      2.1.3 Die schlanke Produktion 17
         a) Was ist Lean Production? 18
         b) Kennzeichen der Lean Production 19

   *2.2 Übergang von der Lean Production
   zur schlanken Unternehmung* 23

      2.2.1 Lean Management 23
         a) Was ist Lean Management? 23
         b) Anforderungen an ein schlankes
           Management 24

2.2.2 Lean Enterprise:
Das Konzept der schlanken Unternehmung . 25
a) Was ist eine schlanke Unternehmung? .. 25
b) Die zwei Grundpostulate
einer schlanken Unternehmung 26

3 Elemente einer schlanken Unternehmung 29

3.1 Ganzheitliches Denken 29

3.1.1 Eine neue Art des Denkens 29
3.1.2 Methodik des
ganzheitlichen Problemlösens 31
3.1.3 Anwendungsnutzen des ganzheitlichen
Denkens in schlanken Unternehmungen 33

3.2 Konzentration auf die Wertschöpfung 35

3.2.1 Die betriebliche Wertschöpfung 35
  a) Wertschöpfung 35
  b) Wertschöpfungsketten 36
3.2.2 Die Unternehmung
  als Wertschöpfungsnetzwerk 37
  a) Die Unternehmung
    als integriertes System 37
  b) Wertschöpfungsnetzwerke
    als komplexe Gebilde 37
3.2.3 Optimierung
  des Wertschöpfungsprozesses 39
  a) Reduktion der Komplexität 39
  b) Wertanalyse als Instrument
    zur Lösung komplexer Probleme 40

3.3 Konzentration auf die Kernaktivitäten 41

3.3.1 Diversifikation als Wachstumsstrategie 41
  a) Wachstum als conditio sine qua non 41

       b) Chancen und Risiken
　　　　der Diversifikation 42
　　3.3.2 Make or Buy? 43
　　3.3.3 Beschränkung auf die Kernaktivitäten 44

3.4 Konsequente Kundenorientierung 46

3.5 Optimale Gestaltung der Zulieferung 48

　　3.5.1 Systemlieferanten 48
　　3.5.2 Just-in-Time 49

*3.6 Optimierung der Aufbau-
und Ablauforganisation* 51

　　3.6.1 Aufbauorganisation:
　　　　Verminderung der Hierarchieebenen 51
　　3.6.2 Ablauforganisation: Prozeßorientierung 52

*3.7 Der Mensch in der Unternehmung
als entscheidender Erfolgsfaktor* 54

**4 Mitarbeiterführung:
Motivation, Menschenbilder und Wertewandel** 55

4.1 Führung 55

　　4.1.1 Führungsbegriff 55
　　　　a) Unternehmungsführung 56
　　　　b) Mitarbeiterführung 56
　　4.1.2 Führungsstile und Führungsverhalten 57
　　　　a) Aufgabenorientierter Führungsstil 59
　　　　b) Mitarbeiterorientierter Führungsstil 60

4.2 Mitarbeitermotivation 62

　　4.2.1 Motivationsbegriff 62

4.2.2 Motivation und Motivierung 62
    a) Eigen- vs. Fremdsteuerung 62
    b) Motivationstheorien 63
4.2.3 Arbeitsmotivation 66
    a) Extrinsische Motivation 67
    b) Intrinsische Motivation 67
4.2.4 Leistungsmotivation 68

4.3 Menschenbilder 69

4.3.1 Die Menschenbildtypologie Scheins 69
4.3.2 Das Menschenbild
der schlanken Unternehmung 73

4.4 Wertewandel als Herausforderung für die Mitarbeiterführung 75

4.4.1 Wertewandel 75
4.4.2 Abkehr von der traditionellen
Mitarbeiterführung 77
4.4.3 Schlanke Unternehmungsführung
als Antwort
auf den Wertewandel 80

5 Elemente mitarbeiterorientierter Führung in einer schlanken Unternehmung 85

5.1 Intensiver Einsatz von Gruppen- und Teamarbeit 85

5.1.1 Ursprünge gruppenorientierter
Arbeitsformen 85
5.1.2 Arbeitsgruppen oder Teams? 86
    a) Arbeitsgruppen 86
    b) Teams 86
    c) Vor- und Nachteile
       gruppenorientierter Arbeitsformen 87

5.1.3 Gruppenorientierte Arbeitsformen
in schlanken Unternehmungen 89
   a) Entscheidungsgründe für Gruppen-
      und Teamarbeit 89
   b) Formen gruppenorientierter Arbeit
      in schlanken Unternehmungen 90
5.1.4 Gruppenorientierte Arbeitsformen: Herausforderung für die Mitarbeiterführung 93
   a) Erweiterung des Tätigkeits- und
      Kontaktspielraumes 93
   b) Voraussetzungen für gruppenorientierte
      Arbeitsformen 94
   c) Probleme bei der Übertragung fern-
      östlicher Gruppenarbeit:
      Individualismus statt Familiensinn 97

5.2 *Kommunikation in flachen Hierarchien* 100

5.2.1 Information und Kommunikation 100
5.2.2 Gründe für eine freizügige Informations-
      politik 101
5.2.3 Maßnahmen der Informations- und
      Kommunikationspolitik
      in schlanken Unternehmungen 103
   a) Schaffung organisatorischer
      Voraussetzungen 105
   b) Offenheit und Kommunikations-
      bereitschaft der Vorgesetzten 106
5.2.4 Mit Konflikten produktiv umgehen 109

5.3 *Qualifizierung der Mitarbeiter* 111

5.3.1 Schlüsselqualifikationen
      in schlanken Unternehmungen 111
   a) Die Herausforderung der flexiblen
      Arbeitsorganisation 111
   b) Veränderte Mitarbeiterqualifikationen . 112

5.3.2 Personalentwicklung als personalwirtschaftliche Funktion der Mitarbeiterqualifizierung 114
    a) Was ist Personalentwicklung? 114
    b) Notwendigkeit der Personalentwicklung in schlanken Unternehmungen 114
    c) Ziele der Personalentwicklung 115
    d) Maßnahmen der Personalentwicklung .. 117
5.3.3 Förderung des Lernens in einer schlanken Unternehmung 120
    a) Notwendigkeit permanenten Lernens .. 120
    b) Individuelles vs. organisationales Lernen 122
    c) Maßnahmen zur Förderung der Lernfähigkeit 124

5.4 Leistungsunterstützende Anreizsysteme 125

5.4.1 Anreiz-Beitrags-Theorie 125
5.4.2 Gestaltung von Anreizsystemen in schlanken Unternehmungen 127
    a) Anreizsysteme 127
    b) Arten von Leistungsanreizen 132
    c) Gestaltungsmöglichkeiten materieller Anreize 134
    d) Gestaltungsmöglichkeiten immaterieller Anreize 135

6 Ausblick: Umdenken im Management tut not! 137

Anmerkungen 141
Literaturverzeichnis 163
Stichwortverzeichnis 179
Zum Autor 183

Abbildungsverzeichnis

Abb. 2.1	Zusammenfassung von Merkmalen der Montagewerke von Großserien-Herstellern in Japan, Europa und den USA (1989)	22
Abb. 2.2	Schlanke Unternehmungen	26
Abb. 3.1	Bausteine des ganzheitlichen Problemlösens	32
Abb. 3.2	Bausteine eines Wertschöpfungsnetzwerkes	38
Abb. 4.1	Determinanten mitarbeiter- und aufgabenorientierter Führungsstile	59
Abb. 4.2	Bedürfnispyramide nach Maslow	64
Abb. 4.3	Zwei-Faktoren-Theorie nach Herzberg	65
Abb. 4.4	Faktoren der Arbeitsmotivation	67
Abb. 4.5	Menschenbildtypologie nach Schein	70
Abb. 4.6	Materialistische und postmaterialistische Werte	77
Abb. 5.1	Determinanten gruppenorientierter Arbeitsformen	87
Abb. 5.2	Ganzheitliche und motivierende Arbeitsgestaltung in schlanken Unternehmungen	95
Abb. 5.3	Dimensionen informationspolitischer Ziele	103
Abb. 5.4	Elemente einer zielgerichteten Unternehmungskommunikation	104
Abb. 5.5	Schlüsselqualifikationen in einer schlanken Unternehmung	113
Abb. 5.6	Ziele der Personalentwicklung in schlanken Unternehmungen	116
Abb. 5.7	Maßnahmen der Personalentwicklung in schlanken Unternehmungen	118
Abb. 5.8	Wirkungsweise eines Anreizsystems auf das Leistungsverhalten von Mitarbeitern	128

Abb. 5.9 Leistungsfördernde Anreizsysteme
in schlanken Unternehmungen 132
Abb. 5.10 Materielle und
immaterielle Leistungsanreize 133

1 Einführung

In der wirtschaftswissenschaftlichen Literatur der vergangenen beiden Jahre wurde mit großer Intensität das Konzept der *Lean Production* diskutiert. Große Aufmerksamkeit erlangte das Thema vor allem durch eine Studie des MASSACHUSETTS INSTITUTE OF TECHNOLOGY (MIT), Boston, MA., in der die Produktionsbedingungen der Automobilindustrie in Japan, Europa und den USA miteinander verglichen wurden.[1] Der Vergleich ergab erhebliche Unterschiede in der Herstellungsweise: Außer der in der westlichen Welt üblichen Massenfertigung existiert offenbar auch eine ganz andere Möglichkeit, Automobile herzustellen. Diese neue Form eines Produktionssystems, die so erstmals in Japan zur Anwendung gekommen ist, heute gleichwohl weltweit eingeführt wird und im Titel der deutschen Übersetzung der MIT-Studie mit dem Prädikat „Die zweite Revolution in der Autoindustrie" bedacht wurde, wird als magere oder *schlanke Produktion* bezeichnet, „weil sie von allem weniger einsetzt als die Massenfertigung – die Hälfte des Personals in der Fabrik, die Hälfte der Produktionsfläche, die Hälfte der Investitionen in Werkzeuge, die Hälfte der Zeit für die Entwicklung eines neuen Produktes. Sie erfordert auch weit weniger als die Hälfte des notwendigen Lagerbestandes, führt zu weniger Fehlern und produziert eine größere und noch wachsende Vielfalt von Produkten."[2]

In der breiten Öffentlichkeit erregte der Begriff der „schlanken Produktion" Aufsehen, als er bei der Wahl der GESELLSCHAFT FÜR DEUTSCHE SPRACHE zum „Unwort" des Jahres 1993 auf einem der vorderen Plätze landete. In diesem Zusammenhang war auf einmal nicht mehr von einer revolutionären Neuerung der Produktion von Automobilen die Rede, sondern von den negativen Folgen, die die schlanke Produktion (angeblich) auf die Gesellschaft habe. In der Begründung für eine derartige negative Einstufung wurde darauf verwiesen, daß mit der semantischen Bedeutung des Begriffs „der Blick einseitig auf betriebswirtschaftliche Vorteile gelenkt wird, während die negativen sozialen Folgen, insbesondere Arbeitsplatzvernichtung und Massenentlassungen, verdeckt bleiben."[3]

In diesem vermeintlichen Spannungsfeld zwischen betriebswirtschaftlichem Enthusiasmus und gesellschaftlicher Verdammnis ist nun also die schlanke Produktion – und damit auch das über ein reines Produktionssystem hinausgehende Konzept der schlanken Unternehmung, das in der vorliegenden Arbeit ausführlicher diskutiert werden soll – angesiedelt.

Die Aufgabe dieser Arbeit wird es sein, dieses Spannungsfeld aufzulösen. Zwar kann auch hier nicht darüber hinweggegangen werden, daß es mit der Einführung schlanker Konzepte zu Personalreduzierungen kommen kann, doch muß deutlich gemacht werden, daß dies nicht das erste Ziel einer schlanken Unternehmung ist, obwohl nicht nur die GESELLSCHAFT FÜR DEUTSCHE SPRACHE, sondern auch eine Vielzahl von Managern und Unternehmern dieser Illusion unterliegen.[4] Träfe diese Interpretation zu, so würden sich schlanke Konzepte letztlich nicht von anderen Rationalisierungsmaßnahmen unterscheiden. Daß aber nicht schon die (alleinige) Reduktion von Personalkosten zwangsläufig zu wirtschaftlicher Prosperität führen muß, konnte in den letzten Jahren bei einer nicht unerheblichen Anzahl von Unternehmungen der deutschen Wirtschaft, aber auch weltweit beobachtet werden.[5] Gerade die Sicherung der wirtschaftlichen Leistungsfähigkeit und damit die Erhaltung der Wettbewerbsfähigkeit in turbulenten Umweltentwicklungen steht aber im Mittelpunkt des Konzeptes der schlanken Unternehmung.

Die wirtschaftliche Leistungsfähigkeit einer Unternehmung läßt sich unter anderem an ihrem Erfolg messen. Dieser ist das Ergebnis des Wertschöpfungsprozesses und kann definiert werden als die Differenz zwischen dem wertmäßigen Output, also den Erträgen, und dem wertmäßigen Input, also den Aufwendungen.[6] Somit stehen einer Unternehmung grundsätzlich zwei verschiedene Strategien zur Verbesserung ihrer Wirtschaftlichkeit offen:

Die erste Möglichkeit besteht darin, bei gegebenem Output die Aufwendungen zu reduzieren. Da üblicherweise das Rationalisierungspotential im Bereich der Personalkosten als besonders hoch angesehen wird, treffen viele der in der Praxis angewandten Kostensenkungsprogramme direkt und in erster Linie den Personalbereich. Da aus verschiedenen Gründen in den meisten Industrienationen eine nur sehr eingeschränkte Lohnflexibiliät nach unten gegeben ist, sind derartige Verringerungen der Lohnkosten in praxi tatsächlich mit Personalabbau gleichzusetzen. Es ist aber auch der umgekehrte Weg denkbar, um zu einer verbesserten wirtschaftlichen Leistungsfähigkeit zu gelangen: Bei gegebenen Aufwendungen müßte dann der wertmäßige Output gesteigert werden.

Das Konzept der schlanken Unternehmung versucht nun, einen Mittelweg einzuschlagen. Erstens wird erkannt, daß der gesamte Wertschöpfungsprozeß, insbesondere die Arbeitsorganisation, aber auch die der eigentlichen Produktion vor- und nachgelagerte Stufen, erhebliche Möglichkeiten zu Kosteneinsparungen bietet. Insofern können Aufwendungen minimiert werden, ohne daß dies mit Entlassungen gleichbedeutend sein muß. Zweitens versuchen schlanke Unternehmungen, ihren monetär bewerteten Output zu steigern, und zwar insbesondere durch eine konsequente Qualitätsorientierung, durch eine besondere Kundennähe und durch eine sehr flexible Reaktionsfähigkeit auf die Anforderungen, die der Markt an die Unternehmung richtet. Somit steht die Verbesserung der betrieblichen Wertschöpfung sowohl auf der Input- als auch auf der Outputseite im Mittelpunkt aller Aktivitäten schlanker Unternehmungen.

Die wesentliche Erkenntnis schlanker Unternehmungen ist aber, daß die Optimierung der Wertschöpfung nur mit Hilfe hochmotivierter Mitarbeiter zu bewerkstelligen ist.

Die Notwendigkeit der Optimierung des Wertschöpfungsprozesses ist jedoch nicht neu; und neu sind in vielen Fällen auch nicht die unterschiedlichen Methoden und Konzepte, die zur Lösung dieses Problems in den letzten Jahren immer wieder entwickelt und diskutiert wurden, und die auch in einzelnen Bereichen von Unternehmungen tatsächlich dazu beitragen konnten, die Wirtschaftlichkeit zu steigern.[7] Die Inhalte vieler dieser Konzepte sind integrative Bestandteile schlanker Unternehmungen und kommen somit auch in solchen Unternehmungen implizit zur Anwendung:[8]

- *Total Quality Management (TQM)*, also das Prinzip der Fehlervermeidung und der konsequenten Ausrichtung sämtlicher Unternehmungsaktivitäten auf eine besonders hochwertige Qualität der Produkte und Leistungserstellungsprozesse durch die Einführung von Lenkungsausschüssen, Qualitätssicherungs-Beauftragten, Qualitätszirkel oder -projektgruppen sowie insbesondere durch die intensive und konsequente Qualitätsschulung der Mitarbeiter und die Verbesserung des betrieblichen Vorschlagswesens (die aktuelle Diskussion um TQM findet sich vor allem in dem Bestreben vieler Unternehmungen wieder, durch die Einführung eines umfassenden Qualitätsmanagements und der Einrichtung von Qualitätssicherungssystemen ihre Entwicklung, Konstruktion, Produktion, Montage und ihren Kundendienst durch eine konsequente Ausrichtung auf die Normen der DIN-EN-ISO 9000-9004 „zertifizieren" zu lassen);
- *Continuous Improvement Process (CIP)* beziehungsweise *Kaizen* (in Deutschland auch als *Kontinuierlicher Verbesserungsprozeß (KVP)* bezeichnet), also das permanente und in den Produktionsablauf integrierte Streben nach Verbesserungen im gesamten Wertschöpfungsprozeß in

kleinen Schritten, vor allem durch ein umfangreiches betriebliches Vorschlagswesen, aber auch durch die gezielte Schulung des Qualitätsbewußtseins der Mitarbeiter und deren weitgehende Einbeziehung in Fragen der Produkt- und Prozeßgestaltung;
- *Just-in-Time-Prinzip* (in Verbindung mit dem *Kanban-Prinzip*), also die produktionssynchrone, zeitgenaue und fertigungsnahe Lieferung von Produktkomponenten und Einzelteilen in Verbindung mit der Lieferung und Produktion von Teilen erst auf Anforderung der fertigenden Stelle;
- *Gruppen- oder Teamarbeit*, also die Übertragung umfassender Arbeitsaufgaben und Verantwortungen an eine Personengesamtheit, die durch die Abkehr von streng an den Taktfrequenzen von Fließbändern ausgerichteten Formen der Arbeitsorganisation zu erheblichen Leistungssteigerungen bei den Mitarbeitern führen kann;
- *Total Productivity Maintenance (TPM)*, also die umfassende und unternehmungsweite produktive Instandhaltung der Maschinen und Anlagen;
- *Outsourcing*, also die Optimierung der Fertigungs- oder Leistungstiefe aus Kostengründen durch Auslagerung und den anschließenden Fremdbezug von solchen Aktivitäten, die für die Unternehmung keine Kernaufgaben darstellen (damit verbunden ist die Frage des „Make-or-Buy", also ob bestimmte Aktivitäten in einer Unternehmung selbst gemacht oder fremd bezogen werden sollen, sowie die Forderung, daß sich die Aktivitäten einer Unternehmung auf deren Kernkompetenzen begrenzen sollten, also auf solche Aktivitäten, bei denen die Unternehmung auch langfristig Wettbewerbsvorteile erzielen kann);
- *Simultaneous Engineering (SE)*, also die Verkürzung der Produktentwicklungszeiten durch eine eng miteinander verzahnte, parallele und projektorientierte Entwicklungsarbeit für Produkte und Produktionsmittel in Teams, auch in direkter Zusammenarbeit mit den Zulieferern;
- *Value Engineering* und *Value Analysis*, also die organisatorischen Anstrengungen, die Funktionen eines neuen

oder bestehenden Produktes bei gleichzeitiger Qualitätsorientierung kostenminimal zu erstellen (dieses Konzept findet in Deutschland seinen Niederschlag in der sogenannten *Wertanalyse*, die nach DIN 69910 formalisiert wurde);
- *Rapid Setup*, also die Zeit- und Kosteneinsparung durch einen optimierten Produktionsprozeß, der in diesem speziellen Konzept durch eine schnelle Umrüstung von Maschinen mit einfachen Werkzeugen durch die an der Maschine beschäftigten Mitarbeiter erfolgt.

Neu sind somit weniger die einzelnen, oben aufgezählten Elemente in schlanken Ansätzen der Unternehmungsführung; neu dagegen ist der ganzheitliche Charakter ihres Zusammenwirkens, und neu ist auch die Nachdrücklichkeit, mit der mit Hilfe dieser Methoden das gesamte Denken und Handeln in schlanken Unternehmungen auf die Optimierung des Wertschöpfungsprozesses ausgerichtet wird.[9]

Neu ist aber vor allem die konsequente Mitarbeiterorientierung in allen Bereichen der schlanken Unternehmung, denn das Bestreben, Verschwendungen im Wertschöpfungsprozeß zu vermeiden, schließt auch die optimale Nutzung des Potentials der beschäftigten Menschen mit ein. In schlanken Unternehmungen hat sich die Erkenntnis durchgesetzt, daß den zunehmenden Anforderungen einer sich diskontinuierlich entwickelnden Umwelt nur mit hochmotivierten Mitarbeitern begegnet werden kann. Die Berücksichtigung menschlicher Erfordernisse ist die Voraussetzung für zufriedene und engagierte Mitarbeiter. Das bedeutet, daß der Mensch in den Mittelpunkt schlanker Unternehmungsaktivitäten gerückt wird. Die Mitarbeiter werden in umfassender Weise gefördert und informiert, ihnen wird Verantwortung übertragen, und es werden möglichst Arbeitsbedingungen geschaffen, die ihren Bedürfnissen und Wünschen entsprechen. Es werden umfangreiche Investitionen in das

Humankapital einer schlanken Unternehmung vorgenommen, um die Mitarbeiter zu einem verbesserten Leistungsverhalten anzuregen. Die Vermeidung von Verschwendung bezieht sich im Personalbereich einer schlanken Unternehmung deswegen nicht auf einen weitgehenden Abbau von Mitarbeitern, sondern auf den möglichst effizienten Einsatz des vorhandenen Potentials, also auf die Aktivierung und Nutzung des *gesamten* Potentials *aller* Mitarbeiter.[10]

Wenn sich durch die Maßnahmen der Mitarbeiterführung in schlanken Unternehmungen das Personal mit der Unternehmung identifiziert, in der es beschäftigt ist, und die einzelnen Mitarbeiter deswegen ihre ganze Energie darauf verwenden, an dem Ziel der schlanken Unternehmung – nämlich Verschwendung zu vermeiden – mitarbeiten, so kann *dadurch*, und nicht durch alleinigen Personalabbau, die Wirtschaftlichkeit und die Wettbewerbsfähigkeit der Unternehmung erhalten oder sogar noch gesteigert werden.[11]

Die Mitarbeiterorientierung schlanker Unternehmungen wird deswegen nicht aus Gründen einer weitgehenden Humanisierung der Arbeitswelt verfolgt, sondern aus rein wirtschaftlichen Überlegungen: „Nur wenn man die Ideenpotentiale und das Verantwortungsbewußtsein der Mitarbeiter vor Ort ausschöpfen kann, lassen sich komplexe Unternehmensprozesse effizient beherrschen."[12] Das Konzept der schlanken Unternehmung kann deswegen sowohl zu einer besseren Unternehmungszielerreichung beitragen, als auch die individuellen Bedürfnisse der Beschäftigten befriedigen.[13]

Damit wird deutlich: Es kann zwar in Folge der Einführung schlanker Konzepte zu einem Personalabbau kommen; erklärtes Ziel ist ein Personalabbau aber nicht. Ziel ist vielmehr, mit Hilfe der Mitarbeiter die Effizienz der Leistungserstellung zu erhöhen. Denkbare Konsequenz der effizienter gestalteten Abläufe in der Unternehmung ist es zwar, daß das gleiche Aufgabenvolumen mit weniger Personal bewältigt werden kann, wahrscheinlicher ist aber, daß aufgrund der gesteigerten Effizienz und der höheren Wirtschaftlichkeit mit der gleichen Anzahl an Beschäftigten ein (erheblich) größerer Umfang an Aufgaben in Angriff genommen wird.

In der vorliegenden Arbeit möchte ich mich auf die Aspekte konzentrieren, die von Seiten der Unternehmungsführung ergriffen werden müssen, um das Leistungspotential der Mitarbeiter in einer schlanken Unternehmung zu aktivieren. Im Mittelpunkt dieser Arbeit steht deswegen – genauso wie in der schlanken Unternehmung – der Mensch.

Aufbauend auf den theoretischen Grundlagen der Mitarbeiterführung (Kapitel 4) werden deswegen in erster Linie Elemente einer mitarbeiterorientierten Führung in schlanken Unternehmungen detailliert dargestellt (Kapitel 5). Dabei liegt der Schwerpunkt eindeutig auf Maßnahmen der Personal- oder Mitarbeiterführung, und nicht auf allgemeinen Aufgabenstellungen des Personalmanagements. Fragen der Personalplanung und der Personalbedarfsplanung, der Einstellung sowie der Freisetzung von Personal werden deshalb in dieser Arbeit nicht diskutiert.

Den Ausführungen über die Elemente der Mitarbeiterführung vorangestellt wird eine begriffliche Explikation der schlanken Unternehmung, wie sie in dieser Arbeit verstanden werden soll (Kapitel 2). Dem Titel dieser Arbeit folgend wird der Schwerpunkt auf die Mitarbeiterführung und nicht auf eine möglichst umfassende Darstellung der anderen Elemente schlanker Unternehmungen gelegt. Dennoch werden die wichtigsten dieser Elemente kurz dargestellt, so vor allem die notwendige Technik des ganzheitlichen Denkens sowie die Konzentration auf die Wertschöpfung, aber auch die Konzentration auf die Kernaktivitäten der schlanken Unternehmungen, eine konsequente Kundenorientierung, die optimale Gestaltung der Beziehungen zu den Zulieferern sowie die optimale organisatorische Gestaltung der schlanken Unternehmung insgesamt wie auch der in ihr ablaufenden Prozesse (Kapitel 3).

2 Das Konzept der schlanken Unternehmung

2.1 Das Konzept der Lean Production

Das MASSACHUSETTS INSTITUTE OF TECHNOLOGY (MIT) erforschte von 1984 bis 1989 in dem sogenannten *International Motor Vehicle Program* (IMVP) vorrangig den Wertschöpfungsprozeß in japanischen, europäischen und US-amerikanischen Unternehmungen der Automobilindustrie. Zu diesem Zweck wurden mehr als 90 Automontagewerke in 17 Ländern untersucht.[1]

Ausgangspunkt des IMVP war die Vermutung, in den Automobilindustrien Europas und der USA würden Techniken angewandt, „die sich seit HENRY FORDS Massenproduktionssystem wenig geändert hatten."[2] Der Erfolg, den japanische Unternehmungen der Automobilbranche seit einer Reihe von Jahren aufweisen konnten, veranlaßte die Forscher des MIT darüber hinaus zu der Annahme, daß die in der Tradition von FORD und TAYLOR stehenden Produktionstechniken „schlichtweg nicht mehr konkurrieren konnten mit einem neuen Denkschema, das von japanischen Unternehmen hervorgebracht worden war."[3]

Unternehmungen stecken in der Regel in einem Konflikt zwischen flexibler, aber relativ teurer Einzelfertigung und einer sehr viel kostengünstigeren, aber relativ inflexiblen Massenproduktion. Das Konzept der Lean Production versucht nun, auf der einen Seite so flexibel wie möglich zu sein, um vor allem auf Kundenwünsche schnell reagieren zu können. Auf der anderen Seite vermeidet das System aber die hohen Kosten der handwerklichen Einzelfertigung. „Schlank" ist die Lean Production, weil sie bei höherem Qualitätsniveau und größerer Produktvielfalt nur etwa die Hälfte an Personal, Fabrikfläche, Werkzeugen, Lagerbestand und Entwicklungszeit benötigt als bei der Massenproduktion üblich.[4]

Erstmals wurde der Begriff *Lean Production* in einer Veröffentlichung von JOHN F. KRAFCIK 1985 verwandt. KRAFCIK war maßgeblich an den Forschungen im Rahmen des IMVP beteiligt. Er stellte in seinen Untersuchungen fest, daß es im Automobilbau zwei grundsätzlich verschiedene Produktionssysteme gibt. Mitte der achtziger Jahre lag diesen Untersuchungen zufolge der offensichtliche Unterschied zwischen den meisten westlichen und einigen anderen, vorwiegend japanischen Automobilproduzenten im Bereich der in den Produktionsprozeß eingebauten „Puffer": Westliche Hersteller hatten hohe Lagerbestände an Vor- und Zwischenprodukten, um sich gegen eventuell auftretende Qualitäts- und Lieferschwierigkeiten der Zulieferer abzusichern; Fließbänder waren mit eingebauten Puffern versehen, um die fließende Produktion aufrechterhalten zu können; eine Vielzahl von „Springern" sicherten vor unerwartet hohem Absentismus; große Reparaturbereiche waren nötig, um Fehler, die in der Flußfertigung gleichsam in die Produkte eingebaut worden waren, auszubessern. In anderen, vor allem japanischen Werken – oder in solchen japanischer Automobilhersteller in den USA und in Europa – waren und sind solche Puffer entweder gar nicht oder nur in sehr viel geringerem Umfang vorhanden. Aus diesem Grunde führte KRAFCIK das Begriffspaar der gepufferten und der ungepufferten oder eben der *schlanken Produktion* ein.[5]

Es muß aber betont werden, daß es sich bei der Lean Production nicht um ein originär japanisches Modell handelt. Vielmehr erkannte schon KRAFCIK, daß es sowohl in Japan, in Nordamerika als auch in Europa ein breites Spektrum an Produktionsmodellen gibt. Im Durchschnitt mögen japanische Unternehmungen zwar eine schlankere Ausrichtung haben, doch gab es schon während der Untersuchungsdauer des IMVP, also Mitte der achtziger Jahre, vor allem in den USA einige Werke der Automobilindustrie, die leistungs- und damit wettbewerbsfähiger waren als vergleichbare japanische Werke.[6] Das Konzept der Lean Production ist somit ausdrücklich ein weitgehend kulturneutrales Managementmodell.[7] Gleichwohl waren es allesamt japanische Unternehmungen, die das System der schlanken Produktion zuerst beherrschten.[8]

Die schlanke Produktion ist die vorläufige Endstufe einer Entwicklung, in deren Verlauf sich verschiedene charakteristische Produktionssysteme herausgebildet haben. In der vorindustriellen Phase war es die handwerkliche Einzelproduktion, die zu Beginn des 20. Jahrhunderts von dem Gedanken der Flußfertigung abgelöst wurde. Diese Flußfertigung entwickelte HENRY FORD aufbauend auf die Gedanken FREDERICK WINSLOW TAYLORS. In jüngerer Zeit schließlich setzen sich die Elemente der schlanken Fertigung gegenüber der – inzwischen mehrfach modifizierten – Flußfertigung durch.[9]

2.1.1 Die handwerkliche Einzelproduktion

Bei der traditionellen handwerklichen Einzelproduktion wird von einem Produkt in der Regel nur eine einzige Einheit produziert. Es handelt sich also um die Herstellung eines individuellen Produktes, das relativ problemlos den Präferenzen der Kunden angepaßt werden kann, ja, das normalerweise erst auf die gezielte Bestellung eines Kunden hin nach dessen speziellen Wünschen gefertigt wird.[10] Die Einzelproduktion ist insbesondere dadurch gekennzeichnet, „daß sich die Fabrikation laufend den speziellen Erfordernissen des einzelnen Fertigungsauftrages anpassen muß."[11]

Für die Herstellung solcher Produkte werden fast ausschließlich hochqualifizierte Facharbeiter eingesetzt, die über ein breites Spektrum an Fähigkeiten verfügen. In der Fertigung werden überwiegend einfache und flexibel einsetzbare Werkzeuge und Maschinen verwandt. Die handwerkliche Einzelfertigung ist gekennzeichnet durch eine geringe Produktionskapazität und durch ein nur sehr bedingt vorhandenes Kostendegressionspotential, was bedeutet, daß selbst durch die Fertigung größerer Stückzahlen keine wesentlichen Kostenersparnisse, beispielsweise durch Lerneffekte oder durch günstigere Einkaufsmöglichkeiten, erreicht werden können. Dieser Nachteil wird aber durch eine sehr hohe betriebliche Flexibilität kompensiert.[12]

2.1.2 Die industrielle Massenproduktion

a) Arbeitsteilung: Das Scientific Management von Taylor als Grundlage der Massenproduktion

Die Wandlung der handwerklichen Einzelproduktion zur industriellen Massenproduktion ist unzertrennbar mit dem Namen FREDERICK WINSLOW TAYLOR verbunden. Dessen sogenannte wissenschaftliche Betriebsführung *(Scientific Management)* hat die Steigerung der Produktivität durch eine Annäherung der menschlichen Arbeit an den Wirkungsgrad von Maschinen zum Ziel.[13] Die „größte Prosperität" des Arbeitgebers und der Arbeitnehmer kann demnach erreicht werden, wenn „die zu leistende Arbeit mit dem geringsten Aufwand an menschlicher Arbeitskraft, an Rohstoffen, an Kosten für die Überlassung des benötigten Kapitals für Maschinen, Gebäude usw. geleistet wird."[14]

Die Massenfertigung ist deshalb so entscheidend von den Gedanken TAYLORS abhängig, weil es erst die Zerlegung komplexer Aufgaben in kleinste Arbeitselemente möglich machte, die so entstandenen einzelnen Arbeitsschritte schnell und repetitiv zu wiederholen. Die dafür erforderlichen Element des Scientific Management sind:[15]

- Jede Arbeit wird auf wissenschaftlicher Basis analytisch in kleinste Einheiten zerlegt. Die einzelnen Arbeitselemente werden dann sinnvoll zu rationellen Arbeitsprozessen zusammengefaßt. Dadurch können unnötige Bewegungsabläufe bei der Arbeitsdurchführung eliminiert werden.
- Mitarbeiter werden nach wissenschaftlichen Methoden ausgewählt, eingewiesen und ausgebildet.
- Arbeiter und Management arbeiten „in herzlichem Einvernehmen"[16], um sicherzustellen, daß alle Verrichtungen nach den erarbeiteten wissenschaftlichen Erkenntnissen durchgeführt werden.
- Arbeit und Verantwortung werden strikt getrennt.

b) Flußfertigung: Der revolutionäre Gedanke von Ford

Basierten die wissenschaftlichen Untersuchungen von TAYLOR noch auf vorwiegend handwerklich geprägten Betrieben, so übertrug HENRY FORD die Erkenntnisse des Scientific Management auf die (Automobil-) Industrie. Ford kann deshalb als derjenige gelten, der zu Anfang unseres Jahrhunderts das System der industriellen Massenproduktion gestaltete. In vielen Industriebereichen ist die Massenproduktion auch heute noch das gängige Fertigungsverfahren. Die Massenproduktion Fordscher Prägung ist durch folgende Merkmale charakterisiert:
- Ein- und derselbe Fertigungsprozeß kann beliebig oft wiederholt werden. Die Arbeit kann als Flußfertigung organisiert werden. Das Fließband legt die zeitliche und sachliche Abfolge der Produktion fest.[17]
- Die an die Qualifikation der unmittelbar an der Produktion beteiligten Arbeiter gestellten Ansprüche sind sehr gering. Daneben wird eine Vielzahl an hochqualifizierten Spezialisten zur Fertigungsplanung und -steuerung eingesetzt. Die Produktion ist also gekennzeichnet durch eine hochgradige Arbeitsteilung und eine bewußte Trennung von Denken und Handeln.[18]

- In der Fertigung werden teure Spezialmaschinen eingesetzt. Die Massenproduktion eignet sich für eine weitgehende Automatisierung des Fertigungsprozesses.[19]
- Durch die weitgehende Arbeitszerlegung ergibt sich bei Mensch und Maschine ein sehr hoher Spezialisierungsgrad. Dadurch ist die Steigerung der Produktivität möglich,[20] was eine hohe Produktionskapazität bei gleichzeitig hohem Kostendegressionspotential ermöglicht.
- Die Massenproduktion kann auf Kundenwünsche nicht oder nur in unzureichendem Maße reagieren.

c) Divisionalisierung: Das Profit-Center-Konzept von Sloan als Ergänzung im Management

ALFRED P. SLOAN, in den zwanziger Jahren Präsident von *General Motors*, steuerte zu dem Konzept der Flußfertigung von Ford die notwendige Ergänzung auf der Ebene des Managements bei. Es war SLOAN vorbehalten, ein System zu entwickeln, mit dem die einzelnen Produktionswerke einer Unternehmung effektiv gesteuert werden konnten.

SLOANS Konzept, welches er 1920 in einer von ihm so benannten „Organization Study" für die Expansionspläne von *General Motors* nach dem ersten Weltkrieg präsentierte, ist heute eine Selbstverständlichkeit:[21] Innerhalb einer Unternehmung werden die einzelnen Fertigungsbetriebe (oder anders abgegrenzte Teileinheiten) nach betriebswirtschaftlichen Gesichtspunkten dezentral als *Profit Centers* geführt. Zu diesem Zweck werden alle Kompetenzen bezüglich einer organisatorischen (Teil-) Einheit direkt bei dieser zusammengefaßt. Die einzelnen Profit Centers werden nun aber anhand einer betriebswirtschaftlichen Steuergröße, nämlich ihres Erfolges, von einer zentralen Unternehmungsleitung koordiniert. Dadurch wird eine effiziente Koordination der Produktion der verschiedenen Teileinheiten ermöglicht, ohne auf die Vorteile einer weitgehenden

Dezentralisierung verzichten zu müssen. So kann einerseits die Standardisierung von – gegebenenfalls auch in verschiedenen Werken gebrauchten – Produkten und Produktteilen in den organisatorischen Teileinheiten vorangetrieben, andererseits aber die Produktpalette der Gesamtunternehmung so aufeinander abgestimmt werden, daß die Berücksichtigung individueller Kundenwünsche erleichtert wird.[22]

2.1.3 Die schlanke Produktion

Bis in die achtziger Jahre des zwanzigsten Jahrhunderts war die Automobilindustrie sowohl in den USA als auch in Europa geprägt von der Massenproduktion, die 1913 in Detroit unter HENRY FORD ihren Ausgang nahm. Vielleicht hätte sich bis heute daran nichts geändert, wenn nicht in den sechziger Jahren in Japan ein völlig neues Denkschema im Bereich der Automobilfertigung aufgekommen wäre, das sich radikal von der Massenproduktion à la Ford unterscheidet. Diesem neuen Stil in der Produktion von Automobilen gaben die Forscher des IMVP den Namen *Lean Production*.[23]

Bis zum Zweiten Weltkrieg produzierten die Japaner Automobile und Lastkraftwagen fast ausschließlich in handwerklicher Einzelfertigung. Während des Krieges wurde die Automobilproduktion ganz eingestellt. So waren die Japaner nach dem Ende des Zweiten Weltkrieges dazu gezwungen, ihre Automobilproduktion völlig neu aufzubauen – und das unter scharfen wirtschaftlichen Restriktionen. Aus diesem Grunde war es notwendig, ein Produktionssystem zu entwickeln, das mit einem Minimum an Verschwendung von knappen Ressourcen auskommen mußte.[24]

Ingenieure der TOYOTA MOTOR COMPANY, allen voran EIJI TOYODA und TAIICHI OHNO, untersuchten sehr genau das System der Massenproduktion, wie es 1950 in den USA bei

GENERAL MOTORS, dem damals weltweit produktivsten Automobilhersteller, angewandt wurde. Unter den gegebenen japanischen Prämissen einer extrem verschwendungsarmen Produktionsweise identifizierten sie ein entscheidendes Problem der traditionellen Massenproduktion darin, daß außer den Montagearbeitern keiner der darüber hinaus eingesetzten „Spezialisten" (zum Beispiel für Fertigungsvorbereitung, Logistik, Reparatur oder Werkzeugwechsel an Maschinen, Reinigung usw.) einen aktiven Beitrag zur Wertschöpfung erbrachte. Sie beschrieben das System der Massenproduktion deshalb als System voller verschwendeter Arbeit, Materialien und Zeit,[25] weil zu viele Personen eine zu lange Zeit damit beschäftigt sind, zu schlechte Qualität (und damit auch zu viel Ausschuß) zu produzieren. Deshalb kam für TOYOTA eine unbesehene Übernahme der Massenproduktion Fordscher Prägung nicht in Frage.

Das Hauptanliegen des neu entwickelten *Toyota Production System*, das als Grundform der Lean Production gilt, ist deshalb die „Perfektionierung der eigentlichen Wertschöpfungsaktivitäten und die Eliminierung von denjenigen Aktivitäten, die lediglich Gemeinkosten verursachen."[26]

Die schlanke Produktion wurde zwar erstmals in der fertigenden Automobilindustrie angewendet, sie hat aber zwischenzeitlich den Weg in (fast) alle anderen industriellen wie nichtindustriellen Bereiche angetreten. Dennoch sollen zunächst die Charakteristika der Lean Production in ihrem klassischen Zusammenhang, also in der Automobilproduktion, dargestellt werden, ehe der Übergang zum umfassenderen Lean Management herausgearbeitet wird.

a) Was ist Lean Production?

Bis heute ist keine einheitliche Abgrenzung anzutreffen, was den Begriff der Lean Production anbelangt. Vielfach werden Lean Production und Lean Management annähernd synonym verwandt. Den beiden Begriffen sind zwar die grundlegenden Prinzipien gemein, jedoch unterscheiden sie sich anderweitig. In der vorliegenden Arbeit soll deshalb auf die Definition BOGASCHEWSKYS zurückgegriffen werden: „Der schlanken Produktion liegt eine flexible, anforderungsgerechte, dezentral in Gruppen gesteuerte Fertigungsweise zugrunde. [...] Dabei ist die schlanke Produktion eingebettet in ein ganzheitliches Konzept einer ‚schlanken Unternehmung' (‚Lean Enterprise'), das die optimale Abstimmung zwischen den betrieblichen Funktionsbereichen [...] unter Einsatz eines geeigneten Unternehmensführungskonzepts (‚Lean Management') anstrebt."[27]

Hier wird also die Lean Production verstanden als derjenige Teilbereich einer schlanken Unternehmung, in dem die „schlanken" Grundprinzipien auf die Organisation der Fertigung Anwendung finden. Die Verknüpfung mit anderen betrieblichen Teilbereichen, also mit Forschung und Entwicklung, Beschaffung sowie Marketing und Vertrieb, ist nicht primärer Bestandteil der Lean Production, sondern des umfassenderen Lean Managements.[28] Die Einführung schlanker Produktionsstrukturen impliziert aber „nicht nur eine andere Organisation des Montageprozesses, sondern eine grundsätzlich andere Organisation des ganzen Unternehmens: Finanzierung, Entwicklung, Einkauf und Marketing müssen ebenfalls verändert werden, wenn das System sein Potential voll entfalten soll."[29]

b) Kennzeichen der Lean Production

Die Fertigung ist im System der Lean Production grundlegend anders organisiert als in der traditionellen Massenproduktion. Die Produktion in einer schlanken Unternehmung weist nach WOMACK, JONES und ROOS zwei Hauptorganisationsmerkmale auf: „Sie überträgt ein Maximum an Aufgaben und Verantwortlichkeiten auf jene Arbeiter, die am Band *tatsächliche* Wertschöpfung am Auto erbringen, und sie hat ein System der Fehlerentdeckung installiert, das jedes entdeckte Problem schnell und auf seine letzte Ursache zurückführt."[30]

Für die Fertigungsorganisation bedeutet dies Teamarbeit unter Beibehaltung des Prinzips der Flußfertigung sowie eine konsequente Qualitätsausrichtung der gesamten Produktion. Die Lean Production kann somit die Vorteile der Massenproduktion (also ein hohes Kostendegressionspotential und hohe Stückzahlen) mit denen der handwerklichen Einzelfertigung (also eine große Produktvielfalt, eine besondere Marktnähe und damit eine überzeugende Flexibilität, sowie ganzheitliche Arbeitsweisen) verknüpfen, ohne die monotonen Arbeitsweisen der Massenproduktion und die hohen Kosten der Einzelfertigung in Kauf nehmen zu müssen.[31]

Die Elemente der Fertigungsorganisation, die das Konzept der Lean Production kennzeichnen, sind im einzelnen:

- Weitgehender Einsatz von Gruppen- oder Teamarbeit. Die Teams werden nicht mehr von Vorarbeitern koordiniert, sondern von einem (verhältnismäßig mächtigen) Teamleiter, der ebenfalls in den Arbeitsablauf des Teams integriert ist. Die Teams haben selbständig zu entscheiden, wie sie die ihnen übertragenen Aufgaben am besten erledigen.[32]
- Die Arbeitsausführung ist nicht mehr von vorgegebenen Taktfrequenzen geprägt, sondern von verantwortungsvoller Zusammenarbeit im Team mit erweitertem Arbeitsinhalt und verstärkter Eigenverantwortung.[33]
- Die Qualifikationsanforderungen an die einzelnen Mitarbeiter sind verhältnismäßig hoch. Augenfällig ist, daß dadurch die Anzahl der indirekten Arbeiter, die nicht direkt zur Wertschöpfung beitragen, minimiert werden können.[34]

- Die gesamte Unternehmung wird systematisch nach Möglichkeiten zur Verbesserung des Wertschöpfungsprozesses durchsucht. Dies geschieht vor allem durch einen integrierten, kontinuierlichen Verbesserungsprozeß, dem sogenannten *Kaizen*.[35] Das Streben nach Verbesserung umfaßt alle in einer Unternehmung beschäftigten Menschen – vom Arbeiter bis zum Spitzenmanager – und hilft dadurch wesentlich, in allen Unternehmungsbereichen gezielt Verschwendung zu vermeiden und die Qualität des Leistungserstellungsprozesses wie der Leistungen selbst zu verbessern.[36] Dadurch läßt sich insgesamt eine höhere Leistungsfähigkeit der Unternehmung erzielen.[37]
- Treten während der Montage Probleme auf, die nicht direkt behoben werden können, so ist ein besonderes Problemlösungssystem vorgesehen. Es wird gezielt nach dem Grund für auftretende Fehler geforscht. Ist die Ursache gefunden, so können Maßnahmen ergriffen werden, die ein nochmaliges Auftreten desselben Problems unwahrscheinlicher werden lassen.[38]

Ergebnis all dieser Bemühungen um eine schlanke Produktion ist, daß erstens wesentlich kleinere kapitalbindende und raumintensive Zwischenlager benötigt werden, weil die Bänder im Durchschnitt weniger lang still stehen als in der Massenproduktion. Zweitens kann durch die gestiegene Produktqualität der Aufwand für Nacharbeit in der schlanken Produktion drastisch vermindert werden. Allerdings werden für diese Form der Produktion sehr viel höher qualifizierte und motivierte Mitarbeiter benötigt. Dies stellt eine besondere Herausforderung an das Management schlanker Unternehmungen dar.[39]

Eine Zusammenfassung der charakteristischen Merkmale von Montagewerken der Automobilindustrie in Japan, Europa und den USA, die in den IMVP-Studien herausgearbeitet wurden, zeigt die Überlegenheit japanischer, also vorwiegend schlanker Fertigungssteuerung:

Abb. 2.1:
Zusammenfassung von Merkmalen der Montagewerke von Großserien-Herstellern in Japan, Europa und den USA (1989)

	japanische Werke	europäische Werke	US-amerikanische Werke
Produktivität	100 %	46 %	67 %
Qualität	100 %	62 %	73 %
Produktionsfläche	100 %	140 %	140 %
Größe des Reparaturbereiches	100 %	351 %	315 %
Lagerbestand	100 %	1.000 %	1.450 %

Quelle: In Anlehnung an Womack/Jones/Roos [Revolution], S. 97 und eigene Berechnungen.

2.2 Übergang von der Lean Production zur schlanken Unternehmung

2.2.1 Lean Management

a) Was ist Lean Management?

Bei der Definition der Lean Production wurde deutlich, daß diese in eine schlanke Unternehmung eingebettet ist „unter Einsatz eines geeigneten Unternehmensführungskonzepts."[40] Dieses Führungskonzept – das eigentliche Lean Management – verstehen PFEIFFER und WEISS „als die permanente, konsequente und integrierte Anwendung eines Bündels von Prinzipien, Methoden und Maßnahmen zur effektiven und effizienten [...] Planung, Implementierung, Gestaltung, Durchführung und Kontrolle sämtlicher Gestaltungsfaktoren der Unternehmung [...] und darüber hinaus des gesamten Wertschöpfungsnetzwerkes, mit dem Ziel, prinzipiell Verschwendung zu vermeiden, um somit die Systemwirtschaftlichkeit kurz-, mittel- und langfristig zu optimieren."[41]

Dem Management kommt dabei die herausragende Rolle zu, schlanke Prinzipien in *allen* Unternehmungsbereichen, auch der Produktion, umzusetzen. Das schlanke Management deckt dabei „alle Bemühungen um schlankere Leistungsprogramme, Ressourcen und Organisationsstrukturen über die gesamte Wertschöpfungskette ab."[42]

Die Konzeption einer schlanken Unternehmung kann nur dann erfolgreich eingeführt werden, wenn die dahinterstehenden Postulate und Prinzipien von der Unternehmungsführung selbst propagiert und engagiert durchgesetzt werden.[43] Dazu ist es notwendig, daß sich das Management auf neue Formen der Unternehmungsführung einläßt und alte Ansätze grundsätzlich in Frage zu stellen bereit ist. MATTHIAS HIRZEL, Managementberater und Mitinhaber der renommierten Frankfurter Sozietät HIRZEL, LEDER & PARTNER, weist in diesem Zusammenhang darauf hin, daß der eigentliche Umbruch in den Köpfen der Manager selbst stattfinden muß. Ein schlankes Management ist seiner Meinung nach die Eintrittskarte in eine schlanke Unternehmung.[44]

b) Anforderungen an ein schlankes Management

Das schlanke Management hat zwei übergeordnete Aufgabenstellungen zu erfüllen: Zum einen muß es versuchen, den Prozeß der Wertschöpfung in der Unternehmung zu optimieren, und zum anderen muß es das in der Unternehmung vorhandene Potential aller Mitarbeiter vollständig nutzbar machen. Die Forderungen an das Management einer schlanken Unternehmung sind deshalb die folgenden:[45]

- Das schlanke Management muß eine weitreichende, interdisziplinäre Fachkompetenz aufbauen. Nur dadurch kann sinnvoll zur Verbesserung des Wertschöpfungsprozesses beigetragen und vor den Mitarbeitern die Funktion von Vorgesetzten gerechtfertigt werden.
- Das schlanke Management muß eine intensive und direkte Kommunikation innerhalb der gesamten Unternehmung aktiv fördern. Nur so gehen wertvolle Informationen nicht verloren, und nur so sind Mitarbeiter zu motivieren.
- Das schlanke Management muß sich von dem Denken in einfachen Ursache-Wirkungs-Zusammenhängen lösen. Nur durch vernetzte Denkweisen lassen sich komplexe Problemstrukturen sowohl detailliert als auch global erfassen. Die Handlungsweisen und Maßnahmen des Managements müssen dieser Erkenntnis Rechnung tragen.
- Das schlanke Management muß schließlich davon Abstand nehmen, sich selbst als den Mittelpunkt der Unternehmung zu betrachten. Hierarchiedenken und Statussymbole verlieren an Bedeutung. Statt dessen werden die

Mitarbeiter in den Vordergrund gestellt und mit weitreichenden Befugnissen ausgestattet. Das Management hat nicht mehr in erster Linie Anweisungs- und Kontrollaufgaben wahrzunehmen, sondern für solche Arbeitsbedingungen zu sorgen, in denen sich das Leistungspotential der Mitarbeiter möglichst optimal entfalten kann.

2.2.2 Lean Enterprise: Das Konzept der schlanken Unternehmung

a) Was ist eine schlanke Unternehmung?

Die eigentliche Produktion von Industriegütern umfaßt nur einen kleinen Teil des Gesamtaufwandes, der nötig ist, um solche Produkte herzustellen. WOMACK, JONES und ROOS beziffern diesen Anteil bei der Automobilproduktion auf etwa 15%.[46] Die Idee der Lean Production wäre von daher nicht zu Ende gedacht, wenn sie sich nur auf die reine Produktionsstufe beschränken würde.

Eine schlanke Unternehmung zeichnet sich nun dadurch aus, daß *alle* Funktionen einer Unternehmung einer „schlanken Philosophie" untergeordnet sind. Man spricht also nicht mehr nur von schlanker Produktion, sondern auch von schlanker Entwicklung, schlanker Beschaffung, schlankem Vertrieb oder von schlanker Verwaltung – um nur einige der betrieblichen Funktionsbereiche zu nennen.

Neben der schlanken Gestaltung der einzelnen Funktionsbereiche ist der Koordinationsmechanismus, der die Bereiche miteinander verknüpft, von wesentlicher Bedeutung.[47] Formale und informale Regelungen von Autoritäts-, Material-, Informations- und Entscheidungsflüssen bilden einen solchen Mechanismus.[48] Sichtbares Zeichen dieser Regelungen ist die Organisationsstruktur einer Unternehmung;[49] in schlanken Unternehmungen muß sie ebenfalls „lean" sein.

Auch die Unternehmungsführung (bzw. das Management) muß darauf ausgerichtet sein, sollen alle Vorteile einer schlanken Konzeption realisiert werden.[50] Eine schlanke Unternehmung zeichnet sich also dadurch aus, daß alle betrieblichen Teilbereiche wie auch die Organisationsstruktur und die Unternehmungsführung ganzheitlich nach den Ansprüchen einer schlanken Philosophie gestaltet werden. Dies macht auch die nachfolgende Abbildung deutlich.

Abb. 2.2:
Schlanke Unternehmungen

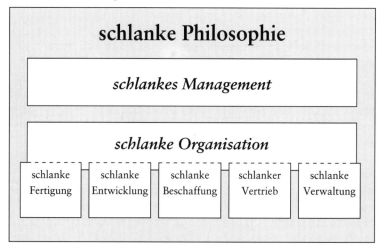

Quelle: In Anlehnung an Hirschbach [Menschen], S. 34.

b) Die zwei Grundpostulate einer schlanken Unternehmung

In Anlehnung an BOGASCHEWSKYS Definition der Lean Production[51] kann eine schlanke Unternehmung verstanden werden als ein ganzheitliches Konzept, in dem die betrieblichen Teilbereiche unter Einsatz eines geeigneten Unternehmungsführungskonzeptes optimal koordiniert und auf bestimmte Ziele ausgerichtet werden. Die beiden Grundpostulate einer schlanken Unternehmungen sind – plakativ formuliert:

- Vermeidung jedweder Verschwendung.
- Die Mitarbeiter stehen im Mittelpunkt.

Mit knappen Ressourcen wird offensichtlich dann nicht wirtschaftlich umgegangen, wenn sie in irgendeiner Art verschwendet werden. Diese scheinbar banale Erkenntnis gewinnt eine neue Dimension, wenn unter Verschwendung nicht nur der leichtfertige Umgang mit Einsatzfaktoren verstanden wird, sondern generell jede nicht wertschöpfende Tätigkeit.[52] Verschwendung ist demnach „alles außer dem Minimum an Aufwand für Betriebsmittel, Material, Teile, Platz und Arbeitszeit, das für die Wertsteigerung eines Produktes unerläßlich ist."[53] In schlanken Unternehmungen gilt es, diese Verschwendung zu vermeiden, oder, anders ausgedrückt, die Wertschöpfung zu optimieren. Umgangssprachlich ausgedrückt könnte man auch sagen, daß sämtliche Aktivitäten in einer Unternehmung entweder von vornherein richtig oder aber überhaupt nicht gemacht werden.

Die Schlüsselrolle fällt dabei den beteiligten Mitarbeitern zu.[54] Die zielgerichtete Einbeziehung aller Mitarbeiter in den Prozeß der konsequenten Vermeidung von Verschwendung jeder Art ist der Kerngedanke schlanker Unternehmungen, weil die Optimierung der Leistungserstellung nur mit den Mitarbeitern, ihren Qualifikationen und Ideen gelingen kann.[55] Die konsequente Mitarbeiterorientierung wird in schlanken Unternehmungen also nicht nur aus humanen Gründen postuliert – und hoffentlich auch praktiziert –, sondern vor allem deswegen, weil sich die Erkenntnis durchgesetzt hat, daß die wirtschaftliche Leistungsfähigkeit einer Unternehmung nur durch die vollständige Erschließung des Potentials aller Mitarbeiter erhalten und gesteigert werden kann.

3 Elemente einer schlanken Unternehmung

3.1 *Ganzheitliches Denken*

3.1.1 Eine neue Art des Denkens

Unternehmungen können als produktive soziale Systeme verstanden werden, in denen unterschiedliche Individuen und Gruppen an verschiedenen Aufgabenstellungen zusammenarbeiten.[1] Ein System – also auch eine Unternehmung – zeichnet sich dadurch aus, daß es aus mehreren Teilen besteht, die sich zwar voneinander unterscheiden, die aber zu einer bestimmten Konfiguration miteinander vernetzt sind.[2] Systeme sind darüber hinaus nicht von ihrer Umwelt unabhängig, vielmehr sind sie nach außen offen. Nun ist aber weder die Umwelt stabil, noch sind es die Aktivitäten einer (schlanken) Unternehmung. Statt dessen befinden sich beide in stetem Wandel, und insbesondere die Unternehmungsumwelt zeichnet sich durch eine zunehmende Diskontinuität aus, die ihren Ausdruck in einer sich beschleunigenden Instabilität und einer erhöhten Komplexität der Unternehmungs-Umwelt-Beziehung findet.[3]

Unternehmungen sind somit aus doppelter Sicht als (hoch-) komplexe Systeme einzustufen: Erstens bestehen sie aus vielen verschiedenen Teilen oder Subsystemen, die miteinander in engen Wechselbeziehungen stehen und die sehr viele verschiedene Zustände aufweisen können.[4] Diese *unternehmungsinterne Komplexität* wird von der Vielfalt der Teile, besonders aber von der Vielfalt der möglichen Beziehungen zwischen diesen Teilen determiniert.[5] Zweitens sind Unternehmungen in die sie umgebende, ebenfalls komplexe Umwelt eingebettet und mit dieser auf vielfältige Weise verflochten. Die sich daraus ergebende *unternehmungsexterne Komplexität* wird durch die möglichen Umweltzustände bestimmt.[6] Insgesamt werden damit die Aufgabenstellungen in einer Unternehmung immer komplexer.[7] Die Grenzen der mentalen Beherrschbarkeit solcher Probleme im allgemeinen sowie der Unternehmungs-Umwelt-Interaktion im besonderen mit herkömmlichen Ansätzen der Problemerkenntnis und -bewältigung werden immer deutlicher.[8] Zumeist werden in der Unternehmungspraxis dann nur noch Ausschnitte der zu bearbeitenden Problemfelder berücksichtigt, um überhaupt zu Lösungen zu gelangen. Dadurch werden zwangsläufig wichtige Beziehungen und Nebenwirkungen von Problemen und Lösungsalternativen vernachlässigt, was erkennbar zu suboptimalen Ergebnissen von Problemlösungsprozessen führen kann.[9]

Um hochkomplexen Aufgabenstellungen gerecht zu werden, sind neue Arbeitstechniken, vor allem aber auch neue Denkweisen notwendig.[10] Schlanke Unternehmungen zeichnen sich also zuallererst durch eine andere Art des Denkens aus, die sie von traditionellen Unternehmungen unterscheidet.[11]

Hervorstechendes Merkmal dieser Denkweise ist die *Anerkennung der Komplexität eines Systems*. Dies bedeutet, daß die Vielzahl der unterschiedlichen Teile in einer Unternehmung und deren vielfältige Beziehungen und Verknüpfungen akzeptiert wird, ebenso wie die Vernetzung des Subsystems Unternehmung mit der übergeordneten Ganzheit der Unternehmungsumwelt.[12] Die Anerkennung der Komplexität hat zur Folge, daß „nicht einfach die Teile oder Komponenten eines Systems" interessieren, „sondern vor allem auch die Frage, wie diese Komponenten miteinander verknüpft sind, d. h., welche Beziehungen zwischen den Teilen eines Systems herrschen.[13]

Zur traditionellen linearen, analytisch-kausalen Denkweise, die üblicherweise von einfachen Ursache-Wirkungs-Beziehungen ausgeht und Probleme in reduktionistischer Weise auf ihre Ursachen hin untersucht, muß also eine eher kreisförmige, kybernetische Art des Denkens treten,[14] welche die komplizierten Wirkungszusammenhänge ineinandergreifender Abläufe in ihren Vernetzungen mit all ihren Nebenwirkungen und Rückkopplungseffekten berücksichtigt.[15] Diese zweigleisige, umfassende und dennoch systematische Art des Denkens, die es ermöglicht, ein Problem sowohl im Detail als auch in größeren Sinnzusammenhängen vollständig zu durchdringen,[16] wird somit folgerichtig als *ganzheitliches Denken* bezeichnet. Die Schweizer Hochschullehrer ULRICH und PROBST definieren das ganzheitliche Denken auch als „ein integrierendes, zusammenfügendes Denken, das auf einem breiten Horizont beruht, von größeren Zusammenhängen ausgeht und viele Einflußfaktoren berücksichtigt, das weniger isolierend und zerlegend ist als das übliche Vorgehen."[17]

Ganzheitliches Denken erlaubt demzufolge je nach Perspektive die differenzierende Analyse eines einzelnen Problems, aber auch die integrierende Synthese verschiedener Teilaspekte zu einem umfassenden Ganzen.[18] Anstelle linearer Denkmuster gewinnen kreisförmige Vorstellungen Platz, die die Vernetzungen und Verknüpfungen des Systems berücksichtigen.[19]

3.1.2 Methodik des ganzheitlichen Problemlösens

Für den Umgang mit komplexen Problemsituationen bietet die Technik des vernetzten Denkens eine neue Dimension. ULRICH, PROBST und GOMEZ haben, aufbauend auf der Systemtheorie des Managements und der Technik des vernetzten Denkens, eine Methodik des *ganzheitlichen Problemlösens* erarbeitet.[20]

In den Mittelpunkt des ganzheitlichen Problemlösens wird die systematische Erkennung des Problems mit all seinen

Interdependenzen gestellt.[21] Die Problemlösung ergibt sich daraus als Folge von sechs Schritten, die aber nicht in einer linearen Folge „abgearbeitet" werden, sondern die wiederum untereinander vernetzt sind. Neue Erkenntnisse in einem der Problemlösungsschritte haben zur Folge, daß auch über alle anderen Schritte neu nachgedacht werden muß. Statt von Schritten spricht man deshalb besser von Bausteinen einer ganzheitlichen Problemlösung.[22]

Abb. 3.1:
Bausteine des ganzheitlichen Problemlösens

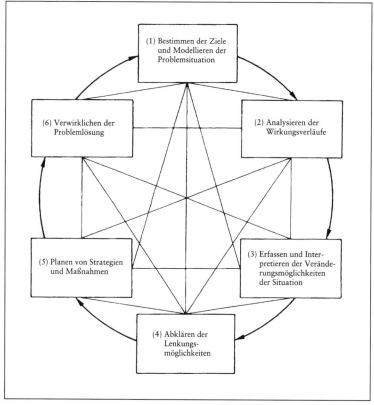

Quelle: Probst/Gomez [Methodik], S. 8.

3.1.3 Anwendungsnutzen des ganzheitlichen Denkens in schlanken Unternehmungen

GOMEZ und PROBST sprechen davon, daß in Unternehmungen immer wieder Denkfehler gemacht werden, insbesondere im Umgang mit komplexen Problemsituationen.[23] Unternehmungen werden sich solche Fehler in Zukunft nicht mehr erlauben können, wollen sie erfolgreich am Markt bestehen. Um aber die angesprochenen Denkfehler zu minimieren, bedarf es des Einsatzes eines überzeugenden und ganzheitlichen Unternehmungsführungsansatzes.

Innerhalb der „alten" Welt entwickelte sich in St. Gallen eine bemerkenswerte Tradition solcher ganzheitlicher Management-Konzepte. Sowohl der Systemansatz von HANS ULRICH als auch das Konzept des integrierten Managements von KNUT BLEICHER bauen auf der Erkenntnis auf, daß soziale Systeme nur dann sinnvoll geführt werden können, wenn sich die jeweilige Führung bewußt mit der gestiegenen Komplexität innerhalb und außerhalb des zu führenden Systems auseinandersetzt.[24]

Allerdings verharren diese Ansätze weitgehend in einer von der abendländischen Kultur und Gesellschaft bestimmten Sichtweise, wie soziale Systeme zu lenken sind. Besonders stark ist dieses Denken geprägt von Massenproduktion und Standardisierung. Die bisher bekannten europäischen und amerikanischen Ansätze sind also allesamt mehr oder weniger stark modifizierte Varianten des Scientific Management.[25]

Nicht, daß eine effiziente Gestaltung der Systemvariablen, die im europäisch-amerikanischen Raum im Vordergrund steht, nicht auch für eine schlanke Unternehmung von großer Bedeutung wäre – aber die Fokussierung der Unternehmungsführung muß sich hin zu den Personen, dem Verhalten der Mitglieder einer Unternehmung verlagern. Die

Fähigkeiten der Menschen, die soziale Systeme gestalten, leiten und in ihnen arbeiten, werden gebraucht, um in der Zukunft „schnell auf neue, kaum voraussehbare Situationen marktlicher und technologischer Art reagieren zu können und kreative Visionen für zukünftige Probleme und ihre Lösungen [...] zu entwickeln."[26]

Der Erfolg des Konzepts schlanker Unternehmungen ergibt sich im Gegensatz zu den rein systemorientierten Ansätzen erst aus dem Zusammenspiel der in den nachfolgenden Kapiteln ausführlicher dargestellten Faktoren: Konzentration auf die Wertschöpfung, Beschränkung auf die Kernaktivitäten, konsequente Kundenorientierung, optimale Gestaltung der Zulieferung, Optimierung der Ablauf- und Aufbauorganisation sowie, vor allem, die konsequente Hinwendung zu den Mitarbeitern. Erst diese Kombination, die an dem traditionellen tayloristischen Verständnis einer Unternehmung, ihrem hierarchischen Aufbau und dem Verhältnis zwischen Vorgesetzten und Mitarbeitern rüttelt, kann eine Unternehmung fit für die erfolgreiche Gestaltung ihrer wirtschaftlichen und sozialen Zukunft machen. Ganzheitliches Denken und Handeln ist für schlanke Unternehmungen somit eine notwendige, keinesfalls aber eine hinreichende Bedingung.

3.2 Konzentration auf die Wertschöpfung

3.2.1 Die betriebliche Wertschöpfung

a) Wertschöpfung

ERICH GUTENBERG, einer der bedeutendsten deutschen Betriebswirtschaftslehrer, stellte fest, daß „der Sinn aller betrieblichen Betätigung darin besteht, Güter materieller Art zu produzieren oder Güter nichtmaterieller Art bereitzustellen."[27] Oder genauer: „Die Gewinnung der Rohstoffe in den Gewinnungsbetrieben, die Herstellung der Erzeugnisse in Fertigungsbetrieben, die Bearbeitung der Rohstoffe oder Fabrikate in den Veredlungsbetrieben, die Bereitstellung von Diensten durch Dienstleistungsbetriebe stellen betriebliche Leistungserstellung dar."[28]

Für die betriebliche Leistungserstellung ist der kombinierte Einsatz verschiedener Faktoren erforderlich, nämlich von Arbeitsleistungen, Arbeits- und Betriebsmitteln sowie in produktiven Betrieben zusätzlich von Sachgütern.[29] Die Faktoren werden in einem betrieblichen Transformationsprozeß eingesetzt. Ergebnis dieses Prozesses sind Werte, die in dem Betrieb geschaffen wurden.

Unter *Wertschöpfung* wird der Wertzuwachs verstanden, den eine produzierende Unternehmung im Rahmen des betrieblichen Transformationsprozesses erzielt.[30] Es handelt sich also um den Mehrwert, den der Betrieb mit den eingesetzten Faktoren geschaffen hat.[31] Die betriebliche Wertschöpfung kann ermittelt werden, indem von dem Wert der abgegebenen Leistungen eines Betriebs der Wert der übernommenen Leistungen subtrahiert wird.[32] Die Wertschöpfung stellt also – stark vereinfacht – die Differenz zwischen den Umsatzerlösen auf der einen Seite und den Kosten für das eingesetzte Material (Vorleistungen) auf der anderen Seite dar.[33]

b) Wertschöpfungsketten

Um Stärken und Schwächen einer Unternehmung gezielt ermitteln zu können, ist es notwendig, die verschiedenen Funktionsbereiche einer Unternehmung mit systematischen Methoden zu durchleuchten. Die betriebliche Wertschöpfung ergibt sich aus dem Zusammenspiel der verschiedenen Tätigkeitsbereiche einer Unternehmung. Sie ist aber immer auf den gesamten Betrieb gerichtet. Für die detaillierte Analyse von Wettbewerbsvorteilen und die Optimierung des betrieblichen Leistungserstellungsprozesses – und das ist ja das Ziel des Lean Managements – ist eine solche globale Sichtweise jedoch nicht ausreichend.[34]

Als ein für diese Zwecke geeignetes Analyseinstrument kommt die sogenannte Wert- oder *Wertschöpfungskette* in Frage.[35] Darin werden sämtliche Stufen, die ein Produkt in einem Betrieb durchläuft, gedanklich zusammengefaßt und miteinander verkettet.[36] Die Wertschöpfungskette beginnt demnach spätestens mit dem Entwurf eines neuen Produktes und endet frühestens bei dessen Auslieferung. PFEIFFER und WEISS erweitern die Kette aber beispielsweise um Forschung und Entwicklung am Anfang und um Service und Entsorgung am Ende der Kette.[37]

Ziel der Wertschöpfungskette ist es, anstelle der gesamten betrieblichen Wertschöpfung in toto alle mit einem Produkt in Verbindung stehenden wertschöpfenden Aktivitäten einzeln, aber dennoch verknüpft darzustellen und sie damit der Analyse und der Optimierung zugänglich zu machen. Darüber hinaus kann durch die Betrachtung von Wertschöpfungsketten der gesamte Entstehungsprozeß einer Leistung viel stärker auf kundenorientierte Qualität ausgerichtet werden.[38]

Durch die Aufteilung in primäre und unterstützende Wertaktivitäten wird es auch möglich, solche betrieblichen Funktionen in eine derartige Analyse einzubeziehen, die nicht direkt mit dem Produktionsprozeß in Verbindung stehen, sondern nur die Rahmenbedingungen liefern.[39]

3.2.2 Die Unternehmung als Wertschöpfungsnetzwerk

a) Die Unternehmung als integriertes System

Will eine Unternehmung, verstanden als ein produktives, soziales und komplexes System, ihre Wettbewerbsfähigkeit auch und gerade in einer sich diskontinuierlich entwickelnden Umwelt erhalten oder verbessern, so müssen die einzelnen Teile oder Subsysteme der betreffenden Unternehmung auf ihre Wettbewerbsvorteile hin analysiert werden. Es gilt, Stärken und Schwächen jeder einzelnen Wertschöpfungskette ausfindig zu machen. Dies gelingt aber nur, wenn alle unternehmungsinternen und -externen Systemzusammenhänge berücksichtigt werden.[40]

Eine Unternehmung kann nun aus zweierlei Gründen als *integriertes System* bezeichnet werden: Erstens müssen die verschiedenen Elemente einer Wertschöpfungskette zu einer solchen zusammengeführt, also integriert werden, weil sie sich wechselseitig beeinflussen. Zweitens ist aber auch eine Integration der verschiedenen, in einer Unternehmung vorhandenen Wertschöpfungsketten zu einem Gesamtsystem erforderlich.[41] Versteht man eine Unternehmung als ein solches integriertes System, so gilt, daß man einzelne Wertschöpfungsketten als Teil einer Systemganzheit „nicht einzeln analysieren oder gestalten [kann, d. V.], sondern nur im Zusammenhang mit anderen Teilen."[42]

b) Wertschöpfungsnetzwerke als komplexe Gebilde

Ein *Wertschöpfungsnetzwerk* zeichnet sich aus durch eine Vielzahl interdependenter Wertschöpfungsketten.[43] Außerdem beschränken sich die einzelnen Wertschöpfungsketten nicht nur auf das System der zu untersuchenden Unternehmung. Vielmehr wird die Unternehmungsumwelt von Lieferanten (und deren Zulieferer) sowie von Abnehmern (und deren Kunden) beeinflußt, so daß diese in einer Wertschöpfungskette ebenfalls explizit berücksichtigt werden müssen. Die Wertschöpfungsketten umfassen damit den gesamten „Lebensweg" eines Produktes, nämlich von dem ersten Lieferanten bis hin zum Endabnehmer.[44]

Da für die Herstellung eines Produktes in der Regel eine ganze Reihe von Zulieferern benötigt werden, und eine Vielzahl von Kunden schließlich die Produkte erwirbt, kann von einem Zuliefernetzwerk auf der Inputseite und von einem Abnehmernetzwerk auf der Outputseite gesprochen werden, welche es letztlich in die Wertschöpfungsketten zu integrieren gilt.[45]

Abb. 3.2:
Bausteine eines Wertschöpfungsnetzwerkes

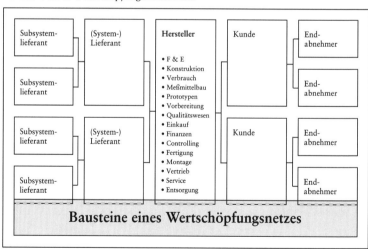

Quelle: In Anlehnung an Friedrich [Lean-Management], S. 575.

3.2.3 Optimierung des Wertschöpfungsprozesses

Den Anforderungen der zunehmenden Komplexität der Unternehmungs-Umwelt-Interaktion kann nur durch eine optimale Gestaltung des auf den ersten Blick chaotisch anmutenden Wertschöpfungsnetzwerkes begegnet werden. Schlanke Unternehmungen begreifen deswegen die Wertschöpfungsketten als zentrales organisatorisches Gestaltungsobjekt. Durch deren effiziente Gestaltung versuchen sie, das in ihrer Unternehmung ruhende Potential an materiellen, immateriellen und vor allem personellen Ressourcen bestmöglich zu nutzen.[46]

Grundsätzlich stehen einer Unternehmung zwei Möglichkeiten offen, um mit den an sie gestellten komplexen Aufgaben umzugehen: Die möglichst weitgehende Reduktion der Komplexität sowie der gezielte Einsatz geeigneter Problemlösungsinstrumente. In der Regel wird eine ganzheitliche Kombination aus beiden Alternativen nötig sein, um zu einer wirklichen Verbesserung des Wertschöpfungsnetzwerkes zu gelangen.

a) Reduktion der Komplexität

Die größte Schwierigkeit in der Handhabung von Wertschöpfungsnetzwerken ergibt sich durch die notwendige Integration der Unternehmungsumwelt und die dadurch entstehenden Schnittstellen, namentlich zwischen Unternehmung und Zulieferern sowie zwischen Unternehmung und Abnehmern. Für schlanke Unternehmungen bedeutet dies, „daß sie die Schnittstellen-Komplexität sowohl auf der Inputseite [...] als auch auf der Outputseite [...] in den Griff bekommen müssen."[47]

PFEIFFER und WEISS schlagen eine doppelte Strategie vor, um zu einer Reduktion der Komplexität der eben beschriebenen Wertschöpfungsnetzwerke zu gelangen. Zum einen soll das Netzwerk segmentiert werden, und zwar so, daß dieses „nach der Art der unterschiedlichen angebotenen Problemlösungen weiter ausdifferenziert wird."[48] Gemeint ist damit die Schaffung einfacher Strukturen nach dem Vorbild der modularen Fabrik, um dadurch die Komplexität auf ein Maß zu reduzieren, das der menschlichen Problemlösungskapazität entspricht.[49] Ziel ist es, organisatorisch klein zu werden, um dadurch Wettbewerbsvorteile erreichen zu können.[50]

Daneben muß der Versuch unternommen werden, die der Unternehmung vor- und nachgelagerten Netzwerke zu vereinfachen. Auf der Inputseite kann das durch die Hierarchisierung der Zuliefererstruktur und der Verringerung der Zahl der (direkten) Zulieferer gelingen,[51] auf der Outputseite durch die Einführung eines Vertriebssystems, das zwischen Endabnehmer und Produzent möglichst nur noch eine Stufe umfaßt.[52]

b) Wertanalyse als Instrument
zur Lösung komplexer Probleme

Die *Wertanalyse* ist ein wichtiges Instrument zur Lösung komplexer Probleme.[53] Sie wird sowohl in der Verbesserung des Wertschöpfungsprozesses bestehender Produkte *(value analysis)* als auch in der zielgerichteten und effizienten Gestaltung von Wertschöpfungsketten für neue Produkte *(value engineering)* eingesetzt.[54] Dabei wird die Wertanalyse gleichermaßen auf produzierende und auf verwaltende Tätigkeiten angewandt, also auch auf den nicht direkt wertschöpfenden „Overhead" einer Unternehmung.[55] Der Einsatz der Wertanalyse kann zu erheblichen Wertsteigerungen innerhalb des gesamten Leistungserstellungsprozesses beitragen. Nicht zuletzt durch die massive Anwendung der Wertanalyse als Problemlösungskonzept erklärt sich laut JEHLE der „Vorsprung japanischer Firmen vor der deutschen Industrie."[56]

3.3 Konzentration auf die Kernaktivitäten

3.3.1 Diversifikation als Wachstumsstrategie

a) Wachstum als conditio sine qua non

Viele Unternehmungen meinten lange Zeit, die Zukunft nur dann meistern zu können, wenn sie immer noch weiter wachsen würden. Prominentes Beispiel dafür ist der Ausbau der DAIMLER-BENZ AG zu einem „integrierten Technologiekonzern" in den vergangenen knapp zehn Jahren. Die Forderung nach permanentem Wachstum war auch der Tenor unzähliger Veröffentlichungen von Praktikern wie Fachgelehrten der letzten vierzig Jahre. So forderte deren vielleicht berühmtester Vertreter IGOR ANSOFF schon 1957: „Just to retain its relative position, a business firm must go through continuous growth and change."[57] Stillstand ist seitdem gleichbedeutend mit Rückschritt.

Ausgehend von der zitierten Forderung entwickelte ANSOFF vier alternative Wachstumsstrategien.[58] Eine davon ist die *Diversifikation,* die besonders in den Blickpunkt gerückt ist. Auf den zunehmenden Wettbewerbsdruck reagiert die Unternehmung mit einem Ausbrechen aus ihrem angestammten Betätigungsfeld.[59] Verstanden als Erweiterung der Tätigkeitsbereiche einer Unternehmung sowohl in bezug auf das angebotene Leistungsprogramm als auch auf die bearbeiteten Märkte,[60] kann Diversifikation dabei aus der Unternehmung heraus (also intern), aber auch durch den Zukauf anderer Unternehmungen oder Unternehmungsteile (also extern) erreicht werden.[61]

b) Chancen und Risiken der Diversifikation

Als bedeutendste Chancen von Diversifikationsstrategien sind die *Synergiepotentiale* zu sehen, die sich aus sich gegenseitig ergänzenden Produkt-Markt-Kombinationen ergeben.[62] Die DAIMLER-BENZ AG hatte mit ihrer Konzernerweiterung genau dieses im Sinn: „Wir betreiben die langfristige Absicherung von Wachstum, Beschäftigung und Ertrag, indem wir uns systematisch Zugang zu allen erforderlichen Hochtechnologien geschaffen haben. [...] Die Einbeziehung neuer Geschäftsfelder wird dem Konzern darüber hinaus zusätzliche Wachstumsimpulse geben. Mit den dabei entstehenden Synergievorteilen werden wir die Produktdifferenzierung [...] weiter vorantreiben und die Kontinuität des erfinder- und technologiegeprägten Unternehmens Daimler-Benz bewahren."[63] Die Frage, ob solche *Potentiale* in wirkliche positive *Synergieeffekte* umgesetzt werden können, muß – nicht nur, aber vor allem auch – für die DAIMLER-BENZ AG allerdings zumindest zum gegenwärtigen Zeitpunkt zurückhaltend beantwortet werden.

Erfahrungsgemäß können die Potentiale am besten ausgeschöpft werden, wenn eine interne Diversifikation im engeren Umfeld des angestammten Betätigungsfeldes erfolgt. Am wenigsten erfolgreich sind solche Diversifikationsstrategien, die auf die Bearbeitung völlig neuer Märkte mit von dem bisherigen Leistungsprogramm vollkommen unabhängigen Produkten zielen.[64] Generell problematisch erscheint die Akquisition von Unternehmungen zu Diversifikationszwecken. PETERS und WATERMAN schreiben in ihrem zum Bestseller gewordenen Buch „Auf der Suche nach Spitzenleistungen": „Es ist eine einfache Tatsache, daß die meisten Akquisitionen fehlschlagen. Nicht nur, daß lediglich in den allerseltensten Fällen die angestrebten und von den Führungskräften vollmundig versprochenen Synergieeffekte tatsächlich zum Tragen kommen, sondern in den meisten Fällen ist das Ergebnis insgesamt katastrophal."[65] Dies gilt umso mehr, je weniger die Neuerwerbung zu der Mutterunternehmung „paßt". Ein weiterer Grund, weswegen Diversifikationen oft nicht gelingen, ist neben dem Ausbleiben der erhofften Synergieeffekte vor allem, daß sich durch das verbreiterte Betätigungsfeld auch das Geschäftsrisiko der Unternehmung erhöht.[66]

3.3.2 Make or Buy?

Auch wenn keine Diversifikation angestrebt wird, muß geklärt werden, in welchem Umfang die zur Herstellung des bestehenden Leistungsangebots notwendigen Elemente entweder selbst produziert oder fremdbezogen werden sollen. Der *Make-or-Buy-Entscheid* muß sowohl für Vorleistungen aller Art wie auch für Dienstleistungen getroffen werden.

Mit dem Make-or-Buy-Entscheid verknüpft ist die Frage nach der optimalen Fertigungs- oder *Leistungstiefe*. Ziel ist es, nur diejenigen Aktivitäten innerhalb der Unternehmung selbst auszuführen, die wirklich beherrscht werden und bei denen die Unternehmung gegenüber Konkurrenten einen Vorsprung aufzuweisen hat.[67] Das Problem einer nicht optimalen Leistungstiefe liegt auf der Hand: Durch eine zu große Leistungstiefe werden in unnötigem Umfang Ressourcen gebunden, die dann für die Kernaktivitäten der Unternehmung nicht mehr zur Verfügung stehen. Werden dagegen wichtige Kernaufgaben nicht durch die Unternehmung selbst ausgeführt, so kann dies den Verlust der unternehmerischen Basis bedeuten.[68]

Für die Entscheidungsfindung, welche Leistungen selbst erstellt und welche fremd gekauft werden sollen, gibt es eine Reihe von Entscheidungskriterien.[69] Hierzu gehören vor allem die *Transaktionskosten*. Unter Transaktionskosten versteht man diejenigen „Kosten, die durch Organisation und Abwicklung arbeitsteiliger Aufgabenerfüllung anfallen."[70]

Transaktionskosten fallen immer mehr ins Gewicht, je spezifischer die zu erstellende Leistung ist, weil sich dann mögliche Produktionskostenvorteile auf der Basis von *economies-of-scale-Effekten* verringern. Ziel jeder Make-or-Buy-Entscheidung ist demnach die Minimierung der Transaktionskosten.[71] Die transaktionskostenorientierte Sichtweise wird regelmäßig um strategische Entscheidungsparameter ergänzt werden müssen. So werden insbesondere Schrittmachertechnologien sowie wettbewerbsrelevante, qualitätskritische und terminkritische Aufgaben zumeist in der herstellenden Unternehmung selbst bearbeitet.[72]

3.3.3 Beschränkung auf die Kernaktivitäten

Die Strategie schlanker Unternehmungen zielt darauf ab, sich auf bestimmte Kernaktivitäten zu konzentrieren, um in Schlüsselbereichen Spitzenleistungen zu erzielen und um dadurch in einer immer komplexer werdenden Welt am Markt bestehen zu können.[73] Die Wettbewerbsfähigkeit von Unternehmungen wird durch die Konzentration auf Kernbereiche tendenziell zunehmen.[74]

Für die Entscheidung über eine mögliche Diversifikation gilt die Empfehlung, daß sich die Unternehmung auf ihr angestammtes Terrain weitestgehend beschränken sollte. Verschiedene Untersuchungen machen deutlich, daß sich besonders erfolgreiche Unternehmungen durch inneres Wachstum und eine sehr zurückhaltende Diversifikationsstrategie auszeichnen. Der Zukauf von Unternehmungen erfolgt dabei stets unter dem Gesichtspunkt, daß die Akquisitionen relativ klein sein sollten und sie sich leicht integrieren lassen.[75]

Für die Entscheidung über Fremdbezug oder Eigenproduktion gilt, daß nur bei sehr hoher Spezifität einer Leistung die Eigenproduktion sinnvoll erscheint. Je weiter eine Leistung dagegen standardisiert ist, desto geringer fallen die Transaktionskosten aus und desto eher ist der Fremdbezug überlegen und zu bevorzugen, um wesentliche Kapazitäten und Ressourcen nicht überflüssig zu binden.[76] Kostenintensive und strategisch wenig bedeutsame Randbereiche sollen also nach Möglichkeit ausgelagert werden, um dadurch vor allem auch die Komplexität des Wertschöpfungsnetzwerkes in überschaubaren Grenzen zu halten.[77] Ergebnis der Konzentration auf Schlüsselbereiche ist, daß schlanke Unternehmungen in der Regel eine geringere Fertigungstiefe aufweisen als traditionelle (Massen-) Produzenten.[78]

Allerdings bedeutet die Begrenzung auf Kernaktivitäten ausdrücklich nicht, daß die Sortimentsbreite um jeden Preis verringert werden soll, vor allem dort, wo eine Unternehmung ihre Wettbewerbsvorteil hat. Innerhalb der Kernsegmente wird es tendenziell sogar zu einer weiteren Produktdifferenzierung kommen,[79] weil die schlanke Produktion besser auf Kundenwünsche flexibel reagieren kann.

3.4 Konsequente Kundenorientierung

Schlanke Unternehmungen orientieren sich in besonderer Weise an den Anforderungen, die die Kunden an sie richten. Es gewinnt die Einsicht Platz, daß der Erfolg einer Unternehmung nicht dadurch zustande kommen kann, daß der Markt mit solchen Produkten konfrontiert wird, von denen Produktentwickler meinen, daß sie marktkonform seien.[80] Vielmehr wird deutlich, daß die gezielte Berücksichtigung der Bedürfnisse und Wünsche der Kunden und der Aktivitäten der Wettbewerber, also eine konsequente Ausrichtung auf die Erfordernisse des Marktes, von zunehmender Bedeutung ist.[81]

Entscheidend für eine möglichst hohe Kundenzufriedenheit – und damit Voraussetzung für einen dauerhaften Erfolg einer Unternehmung am Markt – ist, daß Kunden mit ihren Anliegen ernst genommen werden. Wirkliche Kundentreue kann erreicht werden, wenn sich der Kunde mit der Unternehmung identifiziert. Zu diesem Zweck wird versucht, den Kunden soweit als möglich in den Wertschöpfungsprozeß, ja in die gesamte Unternehmung einzubinden.[82] Dies gilt in besonderer Weise für die Produktplanung und -entwicklung, aber auch für die Produktionssteuerung und den Vertrieb sowie für die Verwaltung.[83]

Am Beispiel von TOYOTA wird deutlich, daß durch eine völlige Umorientierung des Vertriebs die Kunden als integraler Bestandteil der Produktprogrammgestaltung des Herstellers genutzt werden können: Die Verkäufer besuchen periodisch alle potentiellen Kunden – und warten nicht darauf, daß diese zu ihnen in den Ausstellungsraum kommen.[84] Die Kunden bestellen das von ihnen gewünschte Fahrzeug, das dann erst auf die Bestellung hin gefertigt wird. Der Verkäufer bietet dem Kunden darüber hinaus einen Service, der sich qualitativ maßgeblich von dem traditioneller Massenproduzenten unterscheidet. Erkennt der Kunde, daß er selbst, seine Wünsche und Anregungen wirklich beachtet werden, so kann dies dazu beitragen, daß er der Unternehmung langfristig erhalten bleibt. Der Kunde wird dann auch eher dazu bereit sein, mit dem Verkäufer zu kooperieren. Durch die Umstellung des Vertriebssystems profitieren also sowohl Kunden als auch Hersteller (was so den höheren finanziellen Aufwand dieses kundenorientierten Vertriebssystems rechtfertigt).[85]

Voraussetzung eines solchen Systems ist aber, daß eine intensive Kommunikation zwischen Kunden, Händlern und Produzenten zustande kommt. Aus organisatorischer Sicht kann eine „Abflachung" der üblichen mehrstufigen Vertriebsstruktur dazu beitragen. Ziel des schlanken Vertriebs ist, daß zwischen Kunde und Produzent nur noch maximal eine (Händler-) Stufe steht. Das hat den Vorteil, daß der Hersteller nur noch Beziehungen zu wenigen, großen Händlern unterhalten muß, die ihrerseits mit einer Vielzahl von Filialen ein flächendeckendes Verkaufsnetz und damit eine angemessene Versorgung der Kunden sicherstellen.[86] Durch diese organisatorische Maßnahme werden die vertriebsinternen Kommunikationswege verkürzt, der Vertrieb arbeitet effizienter.

Das Leitbild der Zufriedenstellung von Kundenansprüchen endet aber nicht an der Grenze der Unternehmung: Auch innerbetrieblich kann von „Lieferanten" und „Kunden" gesprochen werden. Jeder Mitarbeiter hat demnach zunächst interne Abnehmer, an deren Bedürfnisse sich seine Leistung ausrichten muß. Durch diese Orientierung an unternehmungsinternen (und -externen) Kunden kann das Bewußtsein jedes einzelnen Mitarbeiters für die Qualität und den Wert der erstellten Leistungen gesteigert und dadurch insgesamt zu einer Verbesserung des Wertschöpfungsprozesses beigetragen werden.[87]

3.5 Optimale Gestaltung der Zulieferung

Fast alle industriell gefertigten Produkte sind komplexe Gebilde, die nicht selten aus mehreren tausend Einzelteilen zusammengesetzt werden. Die Produktionsplanung muß sich deshalb darum bemühen, daß die richtigen Teile in der erforderlichen Qualität zum richtigen Zeitpunkt und zu geringstmöglichen Kosten am richtigen Platz sind.[88] Die Produktionsplanung hat sich also, anders ausgedrückt, mit drei grundlegenden Fragen zu beschäftigen:

- Welche der benötigten Einzelteile sollen selbst produziert, welche zugekauft werden?
- Wie läßt sich der teure Lagerbestand optimieren?
- Wie sollen die Beziehungen zwischen den Lieferanten und der produzierenden Unternehmung ausgestaltet sein, daß Kosten reduziert und die Qualität erhöht werden kann?

Bei der Beantwortung dieser Fragen spielt neben der Optimierung der Leistungstiefe vor allem die Ausgestaltung der Beziehungen zwischen der Unternehmung, die das Endprodukt erstellt, und ihren Zulieferern eine wichtige Rolle.

3.5.1 Systemlieferanten

Vor dem Hintergrund eines zunehmend komplexer werdenden Zuliefernetzwerkes wurde weiter oben bereits darauf verwiesen, daß die Hierarchisierung der Zuliefererstruktur ein mögliches Mittel ist, die Komplexität zu reduzieren.[89] Im Konzept der schlanken Unternehmung wird aus diesem Grunde verstärkt auf eine überschaubare Anzahl an *Systemlieferanten* zurückgegriffen.[90]

Zu den Systemlieferanten soll eine (sehr) langfristige, vertrauensvolle Verbindung aufgebaut werden. Die Systemlieferanten sollen, ähnlich wie auch die Kunden, zu Mitgliedern des Wertschöpfungsnetzwerkes des Endproduktehstellers gemacht werden.[91] Systemlieferanten erhalten den Auftrag für die Zulieferung einer ganzen Komponente, also beispielsweise für ein vollständiges Armaturenbrett eines PKW. Die Konstruktion des zu liefernden Systems wird dann weitgehend von dem Zulieferer übernommen, denn von Seiten des Endproduktherstellers werden lediglich Rahmendaten für die komplette Komponente definiert. Zulieferer sind damit nicht mehr nur Versorgungs-, sondern auch Entwicklungspartner.[92]

Durch die Verringerung der Zahl der Zulieferer der ersten Stufe kann das Lieferantennetzwerke auf eine überschaubare Größenordnung begrenzt werden.[93] Daneben können durch den Aufbau langfristig angelegter, intensiver, vertrauensvoller, aber dennoch strikt leistungsorientierter Partnerschaften zwischen Zulieferern und Herstellern Wettbewerbsvorteile erreicht werden, die insbesondere in einer höheren Qualität der Zulieferkomponenten, aber auch in der Reduzierung der (Entwicklungs-) Kosten zum Ausdruck kommen.[94]

3.5.2 Just-in-Time

In schlanken Unternehmungen wird gezielt versucht, Verschwendung jeglicher Art zu vermeiden. Dazu gehört, daß einerseits unnötige Warte- bzw. Leerzeiten bei der Produktion, andererseits aber auch kapital- und raumaufwendige Läger minimiert werden. Wenn die erforderlichen Vor- und Zwischenprodukte genau zu der Zeit zur nächsten Produktionsstufe gelangen, zu der sie dort gebraucht werden, spricht man von einer *Just-in-Time-Fertigung*.

Für die Beziehung von fertigender Unternehmung und Lieferern bedeutet das Just-in-Time-Prinzip, daß eine Zulieferung auf Abruf eingeführt wird. Die Lagerhaltung wird dadurch von dem Endprodukthersteller entweder auf den Lieferanten oder aber auf die Straße bzw. Schiene verlagert.[95]

Innerbetrieblich erfordert das Just-in-Time-Konzept eine Produktionssteuerung nach dem *Kanban-Prinzip*.[96] Zentrales Element dieses Prinzips ist die sogenannte Holpflicht der einzelnen Produktionsstufen, so daß die vorgelagerte Stufen der Herstellung (bzw. die externe Zulieferung) stets erst auf Anforderung der nächsthöheren Produktionsstelle aktiv werden. Das Kanban-System gilt für das gesamte Materialflußsystem einer Unternehmung. Es kann als Verknüpfung einer rückläufigen Informationsflußkette mit einer vorwärtslaufenden Materialflußkette verstanden werden: Der erste Anstoß für die Herstellung eines Produktes geht stets von einem Kundenauftrag, also von dem letzten Glied in der Wertschöpfungskette aus, und nicht von einem Auftrag der zentralen Produktionssteuerung.[97]

3.6 Optimierung der Aufbau- und Ablauforganisation

Die klassische Massenproduktion ist durch eine hochgradige Arbeitsteilung gekennzeichnet. Durch die Trennung der verschiedenen ausführenden und administrativen Tätigkeiten entsteht zwangsläufig eine Vielzahl von Schnittstellen, die stets die Gefahr von Reibungsverlusten in sich bergen.[98] Durch eine immer weitergehende Spezialisierung, Reglementierung und Kontrolle kann aber der ständig wachsenden Komplexität in Unternehmung und Umwelt nicht mehr erfolgreich begegnet werden.[99] Deshalb werden in der Zukunft – und auch schon heute – mehr denn je flexiblere, schnellere und damit leistungsfähigere Organisationsstrukturen nötig sein.[100]

Diese Erkenntnis ist allerdings nicht ganz neu. Bereits vor 25 Jahren stellten PAUL R. LAWRENCE und JAY W. LORSCH fest, daß sich die Strukturen von Organisationseinheiten an der Umweltsituation, in der sie sich befinden, ausrichten. Einheiten, die in einer dynamischen Umwelt agieren, zeichnen sich demnach durch eine geringere Zahl an Hierarchieebenen, größere Leitungsspannen, einen niedrigern Formalisierungsgrad und durch eine stärkere Entscheidungsdezentralisation aus.[101]

3.6.1 Aufbauorganisation: Verminderung der Hierarchieebenen

Wesentliches Merkmal der *Aufbauorganisation* in schlanken Unternehmungen sind in sich weitgehend geschlossene, multifunktionale Suborganisationen (sogenannte Projektgruppen oder auch Closed-Loop-Zellen).[102] Ziel einer Projektgruppe ist die möglichst vollständige und autonome, auch in unternehmerischem Sinne selbständige Bearbeitung komplexer Aufgabenstellungen. Da Aufgaben und Entscheidungsbefugnisse in umfassender Weise an operativ tätige und damit wertschöpfende Einheiten delegiert werden, erübrigen sich viele Tätigkeiten von Zentralstellen einer Unternehmung.[103] Damit wird die Streichung nicht wertschöpfender Bereiche möglich, zumal viele Organisationen in den zurückliegenden Jahrzehnten verhältnismäßig sorglos mit der Einrichtung zusätzlicher Hierarchieebenen umgingen und dadurch allein im Bereich des Mittel-Managements ungeheuer viel Fett angesetzt haben.[104] Im Vergleich zu herkömmlichen Unternehmungen ergibt sich somit für eine schlanke Unternehmung eine deutlich weniger steile Organisationspyramide.[105]

Durch den Abbau von Hierarchieebenen werden kürzere Kommunikationswege erreicht. Dadurch kann die Unternehmung auf zweierlei Weise profitieren: Erstens wird die Gefahr, daß wertvolle Informationen verloren gehen oder verfälscht bei ihrem Empfänger ankommen, geringer. Zweitens ist es einer solchen „abgespeckten" Organisation eher möglich, schnell und flexibel auf Veränderungen in ihrem Umfeld zu reagieren.

3.6.2 Ablauforganisation: Prozeßorientierung

Die *Ablauforganisation* einer schlanken Unternehmung ist insbesondere gekennzeichnet durch die Verlagerung der Entscheidungsbefugnisse und der Verantwortung an operative Einheiten.[106] Dadurch kann zum einen die Motivation der Mitarbeiter gefördert werden, zum anderen aber kann die Organisation an Flexibilität gewinnen, weil sie schneller auf Veränderungen in ihren Umweltbedingungen, vor allem auf solche des Marktes, reagieren kann.[107]

Für die Planung des Aufgabenablaufes wird in schlanken Unternehmungen vielfach die Form der Projektorganisation gewählt, um die aufgabenbezogene Fachkompetenz interdisziplinär in einem Team zu bündeln und somit den Ablauf einzelner Projektaufgaben von unnötiger Koordinationsarbeit und von Schnittstellenverlusten weitgehend zu befreien.[108] Darüber hinaus wird die Aufgabenerfüllung an dem Prozeß des Informations- und Materialflusses in einer Unternehmung orientiert. Sinnvollerweise werden einzelne Wertschöpfungsketten jeweils als Projekt definiert, so daß sich die projektorientierte Ablaufplanung an den prozessualen Aktivitäten innerhalb der Auftragsabwicklung einer solchen Kette ausrichten kann.[109] Für die Arbeit in schlanken Unternehmungen ergibt sich also eine weitgehende *Prozeßorientierung*.

3.7 Der Mensch in der Unternehmung als entscheidender Erfolgsfaktor

„Der Erfolg einer Unternehmung hängt heute [...] in besonderem Maße von der richtigen Auswahl, Entwicklung und Entlohnung sowie dem richtigen Einsatz und Training der menschlichen Ressourcen ab."[110] Was viele Autoren schon seit langem erkannt haben, gilt in besonderer Weise für schlanke Unternehmungen. Aber mehr noch: Nicht nur die Bedeutung des Personalmanagements wird immer wichtiger, sondern der Umgang mit dem Personal insgesamt. Es geht in schlanken Unternehmungen nicht mehr nur darum, Personal möglichst effizient zu „managen", sondern dessen Kreativität, soziale Kompetenz, Intellekt und Engagement zu erkennen, anzuerkennen und zu fördern.

Mitarbeiter werden demnach als (die wichtigste) Ressource, nicht aber primär als Kostenverursacher angesehen. Mitarbeiter und Management gehen partnerschaftlich miteinander um, weil jeder von der Wichtigkeit des anderen für den Unternehmungserfolg überzeugt ist. Schlanke Unternehmungen können demzufolge als *humanzentriert* bezeichnet werden,[111] weil sie verstanden haben, daß ihr Erfolg maßgeblich davon abhängt, daß sich die Mitarbeiter mit ihrem ganzen Potential an Fähigkeiten und Fertigkeiten für diesen Unternehmungserfolg einzusetzen bereit sind.[112]

Daß die Wettbewerbsfähigkeit einer Unternehmung auch in unsteten Zeiten nur mit Hilfe der vollständigen Mobilisierung des Leistungspotentials *aller* Mitarbeiter zu gewährleisten ist, und daß diese Aktivierung der individuellen Leistungsbereitschaft nur *mit* und *nicht* gegen die Menschen erreicht werden kann, ist die wohl wichtigste Erkenntnis aller erfolgreichen Unternehmungen.[113] Sie ist deshalb auch integrativer Bestandteil schlanker Unternehmungsführungskonzepte.[114]

4 Mitarbeiterführung: Motivation, Menschenbilder und Wertewandel

4.1 *Führung*

4.1.1 Führungsbegriff

Wie in allen Organisationen besteht auch in schlanken Unternehmungen ein Bedarf an Führung. Dieser ergibt sich daraus, daß einerseits das Handeln von Personen auf die Ziele der Unternehmung ausgerichtet werden muß, und daß andererseits der Wertschöpfungsprozeß in einer Unternehmung selbst geplant, organisiert, koordiniert und kontrolliert werden muß.[1] Weil sich also der Prozeß des Führens sowohl auf die Mitarbeiter als auch auf die Unternehmung als solche bezieht, ist zwischen Mitarbeiterführung und Unternehmungsführung zu unterscheiden.[2]

Der Begriff der *Führung* kann ganz allgemein verstanden werden als der Prozeß der zielgerichteten und planvollen Beeinflussung von Personen durch Personen.[3] Führung ist charakterisiert durch drei typische Merkmale: Durch Zielbezogenheit, durch den Prozeß der Einflußnahme und durch Gruppenprozesse.[4]

Führung umfaßt eine funktionale, eine institutionelle und eine prozessuale Dimension.[5] Die funktionale Dimension beinhaltet die von den Trägern der Führungstätigkeit zu vollziehenden Aufgaben. Führung heißt in diesem funktionalen Zusammenhang also, eine Organisation oder Institution zu gestalten, zu leiten und zu steuern.[6] Die institutionelle Dimension bezieht sich auf die Führenden und deren Beziehungen untereinander innerhalb der rechtlichen oder organisatorischen Struktur einer Organisation.[7] Die prozessuale Dimension schließlich macht deutlich, daß Führung kein Phänomen ist, das nur zu einem einzigen Zeitpunkt auftaucht, sondern das die Gestaltung der Führungsaufgaben über einen längeren Zeitraum hinweg umfaßt.[8]

a) Unternehmungsführung

Unternehmungsführung wird „als die Gesamtheit derjenigen Handlungen der verantwortlichen Akteure bezeichnet, welche die Gestaltung und Abstimmung (Koordination) der Unternehmungs-Umwelt-Interaktion im Rahmen des Wertschöpfungsprozesses zum Gegenstand haben und diesen grundlegend beeinflussen."[9] Die Aufgabe der Unternehmungsführung besteht demnach darin, „koordinierende Kraft in einem stark differenzierten und umweltabhängigen sozialen System"[10], nämlich in einer Unternehmung, zu sein. Die Unternehmungsführung hat also zum einen die Aufgabe, ein komplexes soziales System zu gestalten und zu lenken,[11] und zum anderen obliegt es ihr, dieses rechtlich und wirtschaftlich selbständige System in eine sich dynamisch und diskontinuierlich entwickelnde Umwelt einzugliedern.[12]

b) Mitarbeiterführung

Mitarbeiterführung ist der Teil der Unternehmungsführung, der unmittelbar auf die Interaktion zwischen Vorgesetzten und Mitarbeitern gerichtet ist.[13] SCHOLZ definiert Mitarbeiterführung entsprechend als „die zielorientierte Beeinflussung von Einstellungen und Verhaltensweisen der Mitarbeiter durch den Vorgesetzten."[14]

Mitarbeiterführung ist geprägt durch die Beziehung eines Vorgesetzten zu seinen Mitarbeitern. Diese interaktive Beziehung findet mit Hilfe von wechselseitiger (verbaler und nonverbaler) Kommunikation zwischen den Beteiligten statt.[15]

Grundlage für die Führung von Mitarbeitern ist *Autorität*. Unter Autorität versteht RÜHLI einen „legitim ausgeübten Einfluß [...], gleichgültig, ob dieser Einfluß auf Macht [...] oder auf Überzeugung [...] beruht."[16] Damit wird deutlich, daß Führung im Sinne von Beeinflussung sowohl auf Grund formaler als auch funktionaler Aspekte erfolgen kann. In der Ausprägung der formalen Autorität stützt sich die Einflußnahme auf das Direktionsrecht des Vorgesetzten qua unternehmungsinterner oder -externer Regelungen. Funktionale Autorität hat dagegen ihre Quellen in der fachlichen und sozialen Qualifikation sowie in der persönlichen Ausstrahlung, also des Charismas der Führungsperson.[17]

Die autoritativen Grundlagen der Mitarbeiterführung differieren in der Unternehmungspraxis zum Teil erheblich. Je nach Führungssituation und Führungskraft erfolgt die Beeinflussung einmal mehr auf der Basis formaler, ein anderes mal eher auf der Grundlage funktionaler Autorität. Generell läßt sich aber eine mehr oder weniger deutlich ausgeprägte Skepsis gegenüber machtorientierter, also formaler Führung erkennen. Mitarbeiter akzeptieren Autorität – und damit Führung – nur noch dann, wenn die persönlichen Qualifikationen des Führenden eine wenigstens gleichberechtigte Rolle einnehmen, und sich so eine Kongruenz von formaler und funktionaler Autorität ergibt.[18] Dies gilt in besonderem Maße für schlanke Unternehmungen.[19]

4.1.2 Führungsstile und Führungsverhalten

Vorgesetzte zeigen als Führungskräfte bestimmte typische Verhaltensformen, besonderes bei der Gestaltung der interpersonalen Beziehungen zu ihren Mitarbeitern.[20] Werden bestimmte Muster des Führungsverhaltens von Vorgesetzten wiederholt beobachtet, so kann man von einem *Führungsstil* sprechen.[21] Unter einem Führungsstil wird somit ein „zeitlich überdauerndes und in bezug auf bestimmte

Situationen konsistentes Führungsverhalten von Vorgesetzten gegenüber Mitarbeitern"[22] verstanden.

Führungsstile sind idealtypische Verhaltensmuster, nicht aber realtypische, konkrete Handlungsanweisungen an Führungskräfte.[23] Um zu gehaltvollen Aussagen über den Zusammenhang von angewandtem Führungsstil und Führungserfolg zu gelangen, müssen außer dem Führungsstil die Persönlichkeit des Führenden, die Führungssituation sowie die Führungsbeziehungen zu den Geführten explizit berücksichtigt werden.[24]

Führungsstile lassen sich in bestimmte Klassifikationsschemata einordnen. Von den unterschiedlichen *Führungsstiltypologien* möchte ich auf diejenige der OHIO-GRUPPE zurückgreifen.[25] 1950 untersuchte eine Forschergruppe um EDWIN A. FLEISHMAN an der Ohio State University, Columbus, OH., in umfangreichen empirischen Studien unterschiedliche Aspekte des Verhaltens von Vorgesetzten.

Ergebnis der Studien war, daß sich das Führungsverhalten auf zwei zentrale Dimensionen zurückführen läßt, die als „Consideration" und als „Initiating Structure" bezeichnet werden. Die Dimension Consideration ist durch ein tiefergehendes Bemühen um die Bedürfnisse der Gruppenmitglieder gekennzeichnet, während sich die Dimension Initiating Structure vorwiegend an der Erreichung der Organisationsziele orientiert.[26]

Ein sehr ähnliches Ergebnis ergaben Forschungen der MICHIGAN-GRUPPE,[27] die vor allem mit dem Namen RENSIS LIKERT verbunden sind. Eine Untersuchung unterschiedlicher Führungsstile ergab, daß besonders erfolgreiche Führungskräfte einen mitarbeiterorientierten (employee centered) und daß weniger erfolgreiche Vorgesetzte überwiegend einen aufgabenorientierten (production centered) Führungsstil praktizierten.[28]

Die Mitarbeiterorientierung auf der einen und die Aufgabenorientierung auf der anderen Seite ist auch heute noch eine weitverbreitete Klassifikation von Führungsstilen. Außer von der Ohio- und der Michigan-Gruppe wurde sie später noch mehrmals aufgenommen und bestätigt.[29]

Abb. 4.1:
Determinanten mitarbeiter- und aufgabenorientierter Führungsstile

Führungsstil	
mitarbeiterorientierter Führungsstil	*aufgabenorientierter Führungsstil*
• Orientierung am Mitarbeiter	• Orientierung an der auszuführenden Arbeitsaufgabe
• Zubilligung umfangreicher Eigenverantwortung der Mitarbeiter	• Umfangreiche Steuerung und Kontrolle der Mitarbeiter
• Mitarbeiter werden als Partner angesehen	• Mitarbeiter werden als Produktionsfaktor und damit als Kostenverursacher angesehen

Quellen: In Anlehnung an Wunderer/Grunwald [Grundlagen], S. 221 ff., Gomez/Zimmermann [Unternehmensorganisation], S. 34 und Ulich/Baitsch/Alioth [Führung], S. 10.

a) Aufgabenorientierter Führungsstil

Der *aufgabenorientierte Führungsstil* orientiert sich, wie schon der Name erkennen läßt, an der auszuführenden Arbeitsaufgabe. Dabei stehen Fragen des technischen Ablaufes und der Leistungsmengen im Vordergrund. Insbesondere wird auch Fragen der Zerlegung und Zusammenfassung von Aufgaben nachgegangen.[30] Aufgabenorientierte Führung erfolgt vorwiegend mittels klarer Richtlinien und standardisierter Verfahrensweisen.[31] Die Mitarbeiter werden bei diesem Führungsstil in erster Linie als Produktionsfaktoren angesehen, „die möglichst kostengünstig eingesetzt, gesteuert und kontrolliert werden müssen."[32]

b) Mitarbeiterorientierter Führungsstil

Der personen- oder *mitarbeiterorientierte Führungsstil* mißt im Gegensatz zum aufgabenorientierten Führungsstil den Menschen in der Unternehmung eine große Bedeutung zu.[33] Die mitarbeiterorientierte Führung berücksichtigt, daß der Unternehmungserfolg letztlich alleine von den in der Organisation beschäftigten Menschen abhängt. Diese Mitarbeiter stehen im Mittelpunkt des Führungshandelns und werden nicht mehr als Werkzeuge zur Erfüllung vorgegebener Arbeiten in mechanistischer Weise eingesetzt, sondern als selbstverantwortliche Mitmenschen anerkannt. Sie bekommen umfangreichere Aufgabengebiete übertragen, und sie können weitgehend selbst entscheiden, wie sie diese Aufgaben erledigen wollen.[34] Die Mitarbeiter werden von ihren Vorgesetzten als Partner betrachtet, so daß eine kooperative Haltung überwiegt.[35] Führungskräfte gehen auf ihre Mitarbeiter und deren Probleme ein, und zwar sowohl im Rahmen ihrer Arbeit als auch, falls gewünscht und erforderlich, außerhalb der Aufgabenerfüllung.[36]

Der mitarbeiterorientierte Führungsstil betont im Gegensatz zum aufgabenorientierten also besonders stark die sogenannten „weichen" Elemente erfolgreichen Führungsverhaltens.[37] Ziel der mitarbeiterorientierten Führung ist, daß die Aufgaben mit Hilfe guter persönlicher Beziehungen und durch die aktive Beteiligung der Mitarbeiter erfüllt werden.[38] Das Führungsverhalten richtet sich deswegen primär auf die Werthaltungen und Bedürfnisse der Organisationsmitglieder und erst in zweiter Linie auf formelle Strukturen der Aufgabenerfüllung.

Es bleibt jedoch festzuhalten, daß mitarbeiterorientierte Führung keineswegs den Verzicht auf Führung durch Vorgesetzte bedeutet. Allein der etymologische Sinn des Begriffes Führung – egal, ob aufgaben- oder mitarbeiterorientiert – bedeutet ja, daß durch die Führungsperson etwas in Bewegung gesetzt oder geleitet oder aber die Richtung von etwas bestimmt wird. Bleibt ein Vorgesetzter passiv und läßt sich die Initiative entreißen, passiert genau dasselbe, als wenn dem Führer eines Pferdegespannes die Zügel aus der Hand gerissen werden: Das Gefährt, hier also die zu führende Gruppe oder die Unternehmung, wird führerlos. Eine Führungskraft muß diejenige sein, die Visionen hat, Ideen entwickelt, Dinge anstößt und die den Kurs bestimmt.[39] Sie hat deswegen auch das Recht und die Pflicht, auf der Basis von zuvor gemeinsam vereinbarten Zielen von ihren Mitarbeitern Leistung zu fordern und zu kontrollieren. Genau darin sieht SPRENGER denn auch die Berechtigung von Führungskräften überhaupt, wenn er fragt: „Wie soll sich Führung sonst legitimieren?"[40] Die Aufgabe der Führung in schlanken Unternehmungen besteht also darin, die Mitarbeiter in ihren Fähigkeiten und als Menschen anzuerkennen – aber eben auch Leistung zu fordern und Qualifikationen zu fördern.[41]

WIEDEMANN weist in diesem Zusammenhang zu Recht darauf hin, daß mitarbeiterorientierte Führung zugleich auch aufgabenorientierte Führung beinhalten muß: „Bei aller Bedeutung von Vertrauen, Achtung, Wärme usw. [also den Dimensionen mitarbeiterorientierten Führungsverhaltens, d. V.] wird hier in der Tat die Dimension der Aufgabe völlig ausgespart. Eine Führungskraft würde sich also selbst nicht mit der Aufgabe befassen, würde sie nicht definieren, nicht organisieren, nicht arrangieren."[42] Ebenso betonen PASCALE und ATHOS, daß der Führungserfolg letztlich auf ein stimmiges Zusammenspiel sowohl aufgabenorientierter als auch mitarbeiterorientierter Elemente des Führungsverhaltens zurückzuführen ist.[43]

4.2 Mitarbeitermotivation

4.2.1 Motivationsbegriff

Im Rahmen der mitarbeiterorientierten Führung in schlanken Unternehmungen ist es von besonderer Bedeutung, daß die Führungskräfte die Beweggründe ihrer Mitarbeiter erkennen und verstehen. Nur wenn die Mitarbeiter Bedingungen vorfinden, die – wie auch immer – die Befriedigung ihrer Motive zulassen, werden sie ihre Kräfte produktiv und effizient einzusetzen bereit sein. Der Begriff *Motivation* kommt aus dem Lateinischen und bedeutet soviel wie Bewegung, Aufbruch oder Antrieb.[44] Motivation kann demnach verstanden werden als Sammelbegriff für Prozesse, „wie das Verhalten ausgelöst wird, durch welche Kraft es getrieben wird, wie es gesteuert wird, wie es aufhört, und welche subjektiven Reaktionen während dieser Phasen im Organismus stattfinden."[45]

Die Motivation wird geprägt von unterschiedlichen Motiven sowie der Erwartungen darüber, mit welcher Wahrscheinlichkeit ein bestimmtes Verhalten die entsprechenden Motive in welchem Ausmaß befriedigt. Ein *Motiv* ist ein Beweggrund, der hinter einem bestimmten Verhalten steht. Das Produkt aus Motiven und Erwartungen darüber, daß eine bestimmte Handlung zur Befriedigung der Motive beitragen kann, läßt in einer bestimmten Situation eine Handlungsbereitschaft entstehen. Diese Handlungsbereitschaft wird als Motivation bezeichnet.

4.2.2 Motivation und Motivierung

a) Eigen- vs. Fremdsteuerung

Der amerikanische General und spätere Präsident der Vereinigten Staaten DWIGHT D. EISENHOWER bemerkte einmal, daß Motivation die Fähigkeit sei, „einen Menschen dazu zu bringen, das zu tun, was man will, wann man will und wie man will – weil er es selbst will."[46] Diese anschauliche Äußerung entspricht der weitverbreiteten Meinung vor allem von Führungskräften darüber, was unter Motivation zu verstehen ist; gleichwohl ist sie inhaltlich so nicht richtig. Genaugenommen spricht EISENHOWER von *Motivierung*, nicht aber von *Motivation*. Der Unterschied zwischen Motivation und Motivierung liegt darin, daß erstgenannte die Eigensteuerung eines Individuums umfaßt, während letztgenannte die Fremdsteuerung mit Hilfe absichtlicher Handlungen seitens der Vorgesetzten meint. Man kann sagen, daß der *Prozeß der Motivierung* in Unternehmungen den *Zustand der Motivation* bei den Mitarbeitern hervorrufen will.[47]

Wenn also in dieser Arbeit von Maßnahmen zur Steigerung der Motivation der Mitarbeiter in einer schlanken Unternehmung die Rede ist, so wird damit stets der Prozeß der fremdgesteuerten Motivierung angesprochen.

b) Motivationstheorien

Über die Bedingungen, die die Motivation eines Menschen beziehungsweise die Steigerung derselben bewirken, geben *Motivationstheorien* Auskunft. Motivationstheorien können in Inhalts- und in Prozeßtheorien gegliedert werden. Während sich die *Prozeßtheorien* mit der Frage nach dem *Wie* des Motivationsprozesses beschäftigen, konzentrieren sich die *Inhaltstheorien* auf das *Was* der Motivation,[48] also auf die Art und die Inhalte der Faktoren, die für das Zustandekommen von Motivation verantwortlich sind. Die Kenntnis dieser Faktoren spielt eine wichtige Rolle, wenn es um die konkrete Ausgestaltung der Mitarbeiterführung in schlanken Unternehmungen geht.[49] Für die vorliegende Arbeit sind deswegen vor allem die Inhaltstheorien der Motivation von Bedeutung, deren beide bekanntesten Vertreter die Theorie der Bedürfnishierarchie von ABRAHAM MASLOW und die Motivations-Hygiene- oder auch Zwei-Faktoren-Theorie von FREDERICK HERZBERG sind.

Die Kernaussage der Maslowschen *Theorie der Bedürfnishierarchie* besteht darin, daß Menschen durch fünf verschiedene Bedürfnisklassen geprägt sind, welche hierarchisch angeordnet sind.[50] Die Motivation eines Individuums ist geprägt von dem Streben, die jeweils niedrigste aktive Bedürfnisklasse zufriedenzustellen. Ist eine Bedürfniskategorie über Anreize aktiviert und dann befriedigt worden, so richtet sich das Streben auf die nächsthöhere Klasse von Bedürfnissen. Letztlich bleibt nur die oberste Bedürfnisklasse, nämlich das *Streben nach Selbstverwirklichung*, das einen Menschen über längere Zeit hinweg zu motivieren in der Lage ist, wenn alle anderen Bedürfniskategorien befriedigt sind.[51]

Abb. 4.2:
Bedürfnispyramide nach Maslow

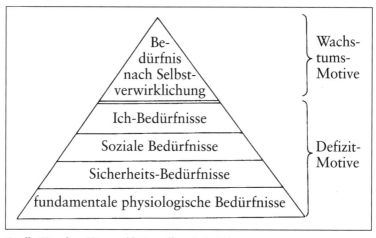

Quelle: Wunderer/Grunwald [Grundlagen], S. 176.

Im Gegensatz zu Maslow, der – unter bestimmten Voraussetzungen – die grundsätzliche Motivationswirkung aller unbefriedigten Bedürfnisse postuliert, schränkt HERZBERG in seiner *Zwei-Faktoren-Theorie* von vornherein die Art der Faktoren ein, welche Motivation bewirken können. Auf der Basis empirischer Untersuchungen unterscheidet er nämlich in solche Faktoren, die lediglich Arbeitsunzufriedenheit vermeiden können (Hygiene-Faktoren),[52] und in jene, die Arbeitszufriedenheit hervorrufen und damit zur Motivation eines arbeitenden Menschen beitragen können (Motivatoren).[53]

Abb. 4.3:
Zwei-Faktoren-Theorie nach Herzberg

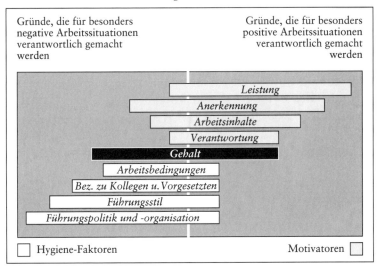

Quellen: In Anlehnung an Herzberg/Mausner/Snyderman [Motivation], S. 79 ff. und Wunderer/Grunwald [Grundlagen], S. 188 ff.

Nach HERZBERG hat das Vorhandensein von Hygiene-Faktoren einen nur wenig systematischen Einfluß auf die individuelle Motivation, während ein befriedigendes Ausmaß an Motivatoren direkt auf die Handlungsbereitschaft von Menschen wirken kann. Die Vermeidung von Arbeitsunzufriedenheit ist in dieser zweidimensionalen Betrachtungsweise Herzbergs also nicht mit dem Erzielen von Arbeitszufriedenheit gleichzusetzen. Für die Motivierung von Mitarbeitern in Unternehmungen bedeutet dies, daß zwar in ausreichendem Umfang Hygiene-Faktoren vorhanden sein müssen, um negative Stimmungen zu vermeiden, daß für das Erreichen von Mitarbeiter-Motivation letztlich aber allein Motivatoren ausschlaggebend sind.[54]

Die Gegenüberstellung der beiden Motivationstheorien von MASLOW und HERZBERG macht somit deutlich, daß dem individuellen Streben nach Selbstverwirklichung am Arbeitsplatz im Grunde genommen nur mit einer wirklichen Mitarbeiterorientierung der Führungskräfte, der Variation von Arbeitsinhalten sowie der Übertragung von Verantwortung auf die Mitarbeiter begegnet werden kann.[55] Dies ist die wesentliche Erkenntnis, die die Inhaltstheorien der Motivation zur Gestaltung leistungsfördernder Maßnahmen im Rahmen der Mitarbeiterführung in schlanken Unternehmungen beitragen können.

4.2.3 Arbeitsmotivation

Denjenigen „Aspekt der Motivation, der mit dem Verhalten von Individuen in hierarchischen und arbeitsteiligen Organisationen verbunden ist"[56], bezeichnet man als die Arbeitsmotivation. Die Arbeitsmotivation der einzelnen Mitarbeiter ist für den Erfolg einer Unternehmung entscheidend, denn sie bestimmt neben den Fähigkeiten und Fertigkeiten der einzelnen Beschäftigten in wesentlichem Umfang auch deren Leistungsverhalten.[57] Man kann zwischen zwei Arten der Arbeitsmotivation unterscheiden, nämlich der extrinsischen und der intrinsischen.[58] Die beiden Varianten unterscheiden sich in der Art der Faktoren, die einen Mitarbeiter motivieren – oder, anders gesagt, die seiner Bedürfnisbefriedigung dienen.

Abb. 4.4:
Faktoren der Arbeitsmotivation

Arbeitsmotivation	
extrinsische Arbeitsmotivation	*intrinsische Arbeitsmotivation*
• Monetäre Anreize • Beziehungen zu Vorgesetzten + Kollegen • Führungstechniken des Vorgesetzten • Unternehmenspolitik und -organisation • Arbeitsbedingungen • Arbeitsplatzsicherheit	• Selbständigkeit • Anerkennung • Sinngehalt der Arbeitsaufgabe • Verantwortung • Berufliche Perspektiven • Möglichkeit zur Selbstverwirklichung bei der Arbeitsausübung

Quelle: In Anlehnung an v. Rosenstiel *[Grundlagen]*, S. 116 ff.

a) Extrinsische Motivation

Von extrinsischer Motivation wird dann gesprochen, wenn die Befriedigung individueller Bedürfnisse nicht aus der Arbeit selbst, sondern aus den Folgen oder Begleitumständen der Tätigkeit erwächst.[59] Für die Bedürfnisbefriedigung des Einzelnen spielen externe Faktoren die zentrale Rolle. Zu diesen Faktoren zählen insbesondere monetäre Anreize, aber auch die Beziehungen zu Vorgesetzten und Kollegen, die Führungstechniken des Vorgesetzten, die Unternehmungspolitik und -organisation, Arbeitsbedingungen und die Arbeitsplatzsicherheit.[60]

b) Intrinsische Motivation

Im Gegensatz zur extrinsischen Motivation liegt die Bedürfnisbefriedigung bei der intrinsischen Arbeitsmotivation in der Arbeit selbst. Als Motivationsfaktoren spielen hier Selbständigkeit, Anerkennung, der Sinngehalt der Arbeitsaufgabe als solcher, die zu übernehmende Verantwortung bei der Arbeitsausübung, die beruflichen Perspektiven, sowie die sich in der Tätigkeit bietenden Möglichkeiten, sich selbst zu verwirklichen, eine Rolle.[61]

4.2.4 Leistungsmotivation

Für die Unternehmungsführung ist seit jeher die Frage von besonderem Interesse, wie die Mitarbeiter zu einer möglichst hohen Leistung bewegt werden können. PETERS und AUSTIN stellen fest, daß eine der wichtigsten Grundlagen für erfolgreiches Management darin besteht, die Begeisterung und Motivation für alles, was mit der Unternehmung und damit mit der Arbeit als solcher zu tun hat, zu wecken.[62] McCLELLAND bemerkte dazu bereits in den sechziger Jahren: „Die Psychologen versuchen zuallererst einmal herauszufinden, mit welchen Gedanken und Tagträumen jemand seine Zeit verbringt, wenn er nicht unter Druck steht und gezwungenermaßen an etwas Bestimmtes denken muß. [...] Denkt er an seine Familie oder an die Freizeit und das Fernsehen? Oder überlegt er sich, wie er seinen Vorgesetzten loswerden kann? Oder denkt er darüber nach und plant, wie er einen bestimmten Kunden ‚fangen', die Produktionskosten senken, einen verbesserten Dampfverschluß oder eine noch bessere Zahnpastatube erfinden kann? Wenn jemand seine Zeit mit Überlegungen verbringt, wie er etwas besser machen könnte, spricht der Psychologe davon, daß er sich für Leistung interessiert."[63] Anders ausgedrückt: Es handelt sich um eine Person, die leistungsmotiviert ist.

Leistungsmotivation kann mithin also als Teilkomponente der Arbeitsmotivation verstanden werden: Während sich die Arbeitsmotivation auf den Antrieb zur Ausübung einer Arbeit insgesamt richtet, liegt der Schwerpunkt der Leistungsmotivation darin, bei der Ausübung einer Arbeit auch tatsächlich Leistung zu erbringen.[64]

4.3 Menschenbilder

Im Laufe der Zeit haben sich unterschiedliche Vorstellungen darüber entwickelt, wie der einzelne Mensch in einer Organisation zu einem besseren Leistungsverhalten angeregt werden kann. Diesen Motivationskonzepten liegen verschiedene Menschenbilder zugrunde.

Menschenbilder sind vereinfachende, idealtypisch formulierte Konzeptionen, die es ermöglichen sollen, das Verhalten von Menschen „in reduktiver Weise zu beschreiben, zu erklären, vorherzusagen, zu gestalten und zu kontrollieren."[65] Dabei sind die in Menschenbildern zum Ausdruck gebrachten Charakterisierungen von Personen nichts anderes als Erwartungen, daß Menschen die ihnen unterstellten Eigenschaften und Handlungsweisen auch tatsächlich aufweisen und sich dementsprechend verhalten werden.[66] Der Erfolg einer Führungskraft ist davon abhängig, in welchem Umfang sich das Menschenbild, das sie sich als Manager von ihren Mitmenschen macht, mit der Realität deckt.[67] Da Führung in dieser Arbeit verstanden wird als die zielgerichtete Beeinflussung von Personen durch Personen, wird deutlich, daß Menschenbilder das Führungsverhalten dauerhaft beeinflussen. Obwohl die meisten Führungskräfte für sich selbst nie ein konkretes Menschenbild explizit formuliert haben, werden sie dennoch regelmäßig von ihren impliziten Annahmen, wie sich die Mitarbeiter verhalten, automatisch in ihrem Führungshandeln beeinflußt.[68] Bei der Abstimmung der Ziele der Organisation mit denen der Mitarbeiter ist das zugrundegelegte Menschenbild Bestimmungsfaktor für das Handeln von Vorgesetzten.

4.3.1 Die Menschenbildtypologie Scheins

Von den verschiedenen Menschenbildtypologien ist diejenige von EDGAR H. SCHEIN am weitesten verbreitet.[69] SCHEIN unterscheidet nach der historischen Entwicklung vier unterschiedliche Menschenbilder: den „rational-economic man", den „social man", den „self-actualizing man" sowie den „complex man".[70] Die nachfolgende Abbildung gibt eine Übersicht über deren wesentlichen Charakteristika:

Abb. 4.5:
Menschenbildtypologie nach Schein

Menschenbild	Charakteristika
rational-economic man	Der Mensch wird in erster Linie durch wirtschaftliche Anreize motiviert. Da die wirtschaftlichen Anreize der Kontrolle der Organisation unterliegen, wird der Mensch als im wesentlichen passiv begriffen. Er kann von der Organisation manipuliert, motiviert und kontrolliert werden. Der Mensch berechnet seine Handlungen im Hinblick auf eine Maximierung des Eigeninteresses rational und verhält sich auch entsprechend. Demgegenüber sind die Empfindungen des Menschen im wesentlichen irrational. Organisationen müssen so gestaltet werden, daß sie diese irrationalen Empfindungen des Menschen weitgehend neutralisieren und kontrollieren.
social man	Der Mensch wird vorwiegend von sozialen Bedürfnissen motiviert und gewinnt sein Identitätsbewußtsein aus der Beziehung zu seinen Mitmenschen. Als Folge der Arbeitsrationalisierung ist die Arbeit sinnentleert worden; der Mensch sucht deshalb den Sinn in sozialen Beziehungen am Arbeitsplatz. Der Mensch reagiert stärker auf soziale Normen seiner Arbeitsgruppe als auf Anreize und Kontrollen durch das Management. Allerdings reagiert der Mensch noch stark genug auf das Verhalten des Managements, so daß ein Vorgesetzter auf die sozialen Bedürfnisse des Untergebenen eingehen kann.
self-actualizing man	Menschliche Bedürfnisse lassen sich in einer Hierarchie anordnen. Sobald untergeordnete Grundbedürfnisse befriedigt sind, werden höherrangige Bedürfnisse freigesetzt. Zu diesen zählen vor allem das Verlangen nach Unabhängigkeit sowie das Streben nach Selbstverwirklichung. Der Mensch sucht sich in seiner Arbeit zu vervollkommnen und ist dazu auch in der Lage. Der Mensch ist in erster Linie selbst-motiviert und selbst-kontrolliert; von außen gesetzte Anreize und Kontrollen hemmen die Entfaltung der Persönlichkeit und reduzieren das Maß an Selbstverwirklichung.
complex man	Der Mensch ist komplex und äußerst variabel; er hat vielfältige Motive, die ihrer Bedeutung nach zwar hierarchisch geordnet sind, die sich aber je nach Situation verschieben und verändern können. Die verschiedenen Motive stehen untereinander in Interaktion und ergänzen sich so zu vielschichtigen Motiv-Mustern. Der Mensch ist lernfähig und deshalb in der Lage, sich neue Motive anzueignen. Die höchste Befriedigung und die höchste Leistung eines Menschen in einer Organisation hängen demnach von einer Vielfalt verschiedener Motive ab.

Quelle: In Anlehnung an Schein [Organisationspsychologie], S. 77 ff. sowie Staehle [Management], S. 176.

Diese Typologie verschiedener Menschenbilder ist hier deshalb von Interesse, weil sie den Wandel in der Motivation und den Einstellungen der in einer Unternehmung beschäftigten Menschen seit dem Beginn der Industrialisierung deutlich macht, der in den Köpfen der Manager zum Teil aber erst noch stattfinden muß. In Unternehmungen der traditionellen Massenfertigung wurde der Mensch (und wird zum Teil immer noch) in erster Linie – maschinengleich – als Produktionsfaktor angesehen, der primär zu *funktionieren* hatte.[71]

In neuerer Zeit erkennen die Unternehmungen dagegen an, daß ihre Mitarbeiter nicht mehr passiv und nur durch Geld motivierbar sind, sondern daß ihre Motivationsstruktur vielfältig und wandlungsfähig ist. Ein zentrales Element, das Mitarbeiter zu besonderen Leistungen veranlaßt, wird in der Befriedigung des Bedürfnisses nach Selbstverwirklichung gesehen. Diese Erkenntnisse entstammen großenteils der Human-Relations-Schule (Menschenbild des social man) sowie der Human-Resources-Schule (Menschenbild des self-actualizing man).[72]

In der *Human-Relations-Schule* wird der Mensch als ein soziales Wesen betrachtet, das nicht mehr in erster Linie durch monetäre Anreize, sondern durch soziale Beziehungen am Arbeitsplatz motiviert wird.[73] Die Unternehmungsführung kann dem entsprechen, indem sie soziale Kontakte während der Arbeit fördert und den einzelnen Mitarbeitern das Gefühl gibt, daß sie nicht nur in ihrer Leistung, sondern auch als Mensch anerkannt sind.[74] In der *Human-Resources-Schule* wird erkannt, daß die Mitarbeiter nicht nur durch soziale Bedürfnisse, sondern durch eine Vielzahl verschiedener Motive geprägt sind. Nur ein geringer Teil dieser Motive kann üblicherweise bei der Arbeitsausübung befriedigt werden. Das in jedem Menschen latent vorhandene Aktionspotential wird in diesem Fall auf andere Aktivitäten, vorwiegend auf die Freizeitgestaltung, umgelenkt. Um das Potential der Mitarbeiter zu nutzen, ist es demzufolge erforderlich, der Sinnentleerung der Arbeit zu begegnen, so daß die Mitarbeiter Eigeninitiative und kreative Fähigkeiten am Arbeitsplatz einsetzen können und dadurch eine innere Beziehung zu Arbeitsplatz und Organisation aufbauen.[75] Die Human-Resources-Schule erkennt also die „höherwertigen" Bedürfnisse nach Autonomie, Herausforderung und Selbstverwirklichung an. Diese Motive sind in allen Menschen latent vorhanden und werden wichtig, wenn die elementaren Grundbedürfnisse befriedigt sind.[76] Vor allem bei höherqualifizierten Mitarbeiten wird die Dominanz übergeordneter Bedürfnisse, allen voran das nach Selbstverwirklichung, deutlich.[77]

Als Reaktion auf diesen Wandel in der Motivation der Mitarbeiter in den letzten Jahrzehnten forderten beispielsweise EMERY und THORSRUD Mitte der siebziger Jahre eine weitgehende „Demokratisierung" des Arbeitsprozesses in dem Sinne,

- daß den Mitarbeitern in einer Unternehmung ein angemessener Freiraum in der Gestaltung der eigenen Arbeit eingeräumt wird,
- daß es möglich ist, während der Arbeitsausführung und durch die Arbeit selbst zu lernen,
- daß die Arbeit abwechslungsreich gestaltet ist,
- daß die Möglichkeit, Hilfe in Anspruch zu nehmen, besteht (und diese Hilfe bei Bedarf auch tatsächlich gewährt wird),
- daß die Arbeit in einem Bezug zu dem Sozialleben des entsprechenden Mitarbeiters steht, und schließlich
- daß die Arbeit eine vernünftige Zukunftsperspektive bietet.[78]

4.3.2 Das Menschenbild der schlanken Unternehmung

Die Mitarbeiter schlanker Unternehmungen werden vom Management als die entscheidende Ressource der Unternehmung anerkannt und diesem Menschenbild entsprechend behandelt. Die Unternehmungsführung geht davon aus, daß Menschen grundsätzlich über ein hohes Aktivitätspotential verfügen, also über die Fähigkeit und die Bereitschaft, Leistung zu erbringen,[79] und daß Mitarbeiter vielfältige individuelle Bedürfnisse haben, die sich auch durchaus im Zeitablauf verändern können.[80] Das Ziel der Mitarbeiterführung in schlanken Unternehmungen ist vor allem, die Bedürfnisse der Mitarbeiter als Potentiale für die Unternehmung möglichst umfassend zu erschließen und damit nutzbar zu machen. In diesem Sinne werden die oben skizzierten Forderungen von EMERY und THORSRUD auch für schlanke Unternehmungen voll anerkannt.

Für die Rolle der Führungskraft bedeutet dies, daß Mitarbeiter weniger manipuliert und statt dessen mehr partnerschaftlich geführt werden sollen. Mitarbeiter sollen an Entscheidungen beteiligt werden. Verantwortung ist soweit als möglich zu delegieren. Die Mitarbeiter sollen den Sinn ihrer Arbeit erkennen, ihre Fähigkeiten und ihre Einsatzbereitschaft sollen gefördert werden.[81] Diesen Forderungen liegt die Annahme zugrunde, daß nur diejenige Organisation leistungsfähig ist, die den in ihr beschäftigten Menschen eine befriedigende Arbeit anbieten kann.[82]

Inwieweit es Vorgesetzten in Zeiten gewandelter Wertvorstellungen gelingen kann, die Leistungsmotivation ihrer Mitarbeiter zu aktivieren, muß allerdings mehr und mehr in Frage gestellt werden.[83] Menschen werden auf vielfältige Weise motiviert, die Arbeitsmotivation macht, wenn sie überhaupt von Vorgesetzten beeinflußt werden kann, nur einen bestimmten Teil der gesamten Motivationsstruktur eines Menschen aus. So können sich die verschiedenartigsten Motive überlagern und gegenseitig beeinflussen. Des weiteren spielen Werte, welche die Mitarbeiter internalisiert haben, bei deren individueller Motivation eine nicht zu unterschätzende Rolle. Ob ein Mensch dann überhaupt noch auf die gezielte Beeinflussung durch den Vorgesetzten zur Steigerung seiner Arbeitsmotivation reagiert, ist deshalb unklar. Statt dessen wird die Motivierung in zunehmendem Umfang Aufgabe des Mitarbeiters selbst.[84] Eine Unternehmung hätte in diesem Falle nur die Möglichkeit, die unterschiedlichen individuellen Motivationen der Mitarbeiter in den Dienst der Ziele ihrer Organisation zu stellen,[85] in dem sie attraktive Rahmenbedingungen für das individuelle Leistungsverhalten ihrer Mitarbeiter bietet.[86]

Dieses Bild des auf vielfältige Art motivierten und nach Sinnzusammenhängen suchenden Menschen steht im Mittelpunkt der Mitarbeiterführung in schlanken Unternehmungen.[87] Über die Rolle, die die kulturelle Prägung sowohl der Führungskräfte als auch der Mitarbeiter in schlanken Unternehmungen spielt, besteht in der Literatur noch weitgehend Uneinigkeit. Klar ist, daß die in der japanischen Gesellschaft verankerten Wertvorstellungen ein partnerschaftliches Verhältnis von Vorgesetzten und Mitarbeitern tendenziell erleichtern.

4.4 Wertewandel als Herausforderung für die Mitarbeiterführung

4.4.1 Wertewandel

Neben Motiven und Bedürfnissen spielen *Werte* eine zentrale Rolle für das Verhalten von Menschen in Organisationen.[88] Werte sind „kognitive Präferenzstrukturen, die als Entscheidungsregeln fungieren und so das Verhalten steuern."[89] Der Unterschied zwischen Motiven und Bedürfnissen auf der einen und Werten auf der anderen Seite besteht in der unterschiedlichen gesellschaftlichen Bedeutung: Im Gegensatz zu Motiven und Bedürfnissen enthalten Werte implizit eine Komponente der „gesellschaftlichen Bedingtheit der erstrebten Zustände."[90] Werte prägen nicht nur die Selbststeuerung und Selbstentwicklung von Menschen, sondern auch die Erwartungen, die sie an das Verhalten anderer richten. Werte beeinflussen somit neben dem inneren Leistungsantrieb der Mitarbeiter in einer Unternehmung auch die Erwartungen an das Führungsverhalten ihrer Vorgesetzten.[91]

Werte sind dabei keine zeitstabilen Konstrukte, vielmehr ändern sie sich im Laufe der Zeit. Verschiedene Untersuchungen haben sich mit dem Wandel von Werten und Wertestrukturen, also mit dem sogenannten *Wertewandel* beschäftigt.[92]

Von besonderer Bedeutung sind dabei die Untersuchungen von RONALD INGLEHART. Auf der Grundlage zweier Basishypothesen und verschiedener Zeitreihenuntersuchungen formulierte er eine Theorie für den Wertewandel in westlichen Gesellschaften.[93] Danach kann davon ausgegangen werden, daß durch den wirtschaftlichen Aufschwung in praktisch allen Industrieländern nach dem Zweiten Weltkrieg, insbesondere in Deutschland und Japan, die meisten Menschen in diesen Ländern ihre Grundbedürfnisse, vor allem die physiologischen, abgedeckt haben. Dadurch verschieben sich allmählich die Wertvorstellungen der einzelnen Menschen, und zwar in dem Umfang, in dem die jüngeren Generationen bereits in den Genuß der wirtschaftlichen Sicherheit nach dem Krieg gekommen sind.[94] Dabei beobachtete INGLEHART eine Entwicklung weg von materialistischen und hin zu postmaterialistischen Werten.[95] Als postmaterialistische Werte gelten beispielsweise der Wunsch nach Zugehörigkeit und Wertschätzung sowie die Befriedigung intellektueller und ästhetischer Ansprüche.[96] Für die Arbeitswelt bedeutet dies, daß sich die Anforderungen, die der einzelne seiner Beschäftigung entgegenbringt, ebenfalls deutlich gewandelt haben. Das gilt wiederum in besonderem Maße für jüngere Beschäftigte. Standen nach dem Zweiten Weltkrieg noch materielle Werte wie wirtschaftliches Wachstum, technischer Fortschritt und die Steigerung des Gewinnes im Vordergrund, so dominieren in neuerer Zeit Werte wie etwa die Möglichkeit zur Selbstverwirklichung am Arbeitsplatz, ein gutes Betriebsklima, die Qualifikation von Mitarbeitern im Rahmen der auszuführenden Arbeit sowie die Sicherheit des Arbeitsplatzes.[97] Heute wird also eine umfassende Humanisierung der Arbeitswelt gefordert,[98] die sich zum Beispiel in der Forderung nach weitergehenden Mitsprachemöglichkeiten am Arbeitsplatz ausdrückt, aber auch durch das Verlangen, selbst Ideen entwickeln und kreative Fähigkeiten bei der Arbeitsausführung einbringen zu können.[99] Entgegen der weitverbreiteten Annahme, daß die Arbeit als solche ihren Sinn verloren habe, kann festgestellt werden, daß nur sinnlose bzw. sinnentleerte Arbeit nicht mehr zur Bedürfnisbefriedigung beitragen kann.[100]

Die Diskussion um den Wertewandel kann – trotz aller methodischer Kritik an der Theorie INGLEHARTS[101] – so zusammengefaßt werden, daß die Leistungsorientierung von Mitarbeitern nicht mehr konform und fremdgesteuert, sondern zunehmend autonom und selbstgesteuert ist.[102]

Abb. 4.6:
Materialistische und postmaterialistische Werte

Werte
„Kognitive Präferenzstrukturen, die als Entscheidungsregeln fungieren und so das Verhalten von Menschen steuern."

materialistische (traditionelle) Werte
- Wirtschaftliches Wachstum
- Förderung des technischen Fortschritts
- Steigerung von Einkommen und Gewinn
- Stabilisierung der bestehenden Gesellschaftstruktur

postmaterialistische (moderne) Werte
- Möglichkeit zur Selbstverwirklichung der Mitarbeiter bei der Arbeitsausübung
- Förderung der Persönlichkeitsentwicklung der Mitarbeiter
- Qualifikation und Weiterbildung der Mitarbeiter im Rahmen der auszuführenden Arbeit
- Sicherheit des Arbeitsplatzes
- Gutes Betriebsklima
- Internationale Konkurrenzfähigkeit
- Überleben der Unternehmung
- Erhaltung der Umwelt
- Entwicklung der „Dritten Welt"
- Streben nach Macht

Quellen: In Anlehnung an Inglehart [Umbruch], S. 99 ff. und Beermann/Stengel [Werthaltungen], S. 381 f.

4.4.2 Abkehr von der traditionellen Mitarbeiterführung

Den Wandel der Werthaltungen von Mitarbeitern kann von der Führung einer Unternehmung nicht einfach ignoriert werden.[103]

Die Leistungsbereitschaft von Mitarbeitern ist davon abhängig, inwieweit sie ihre Bedürfnisse und Wertvorstellungen innerhalb der Unternehmung realisieren können. Stimmt das Wertesystem der Mitarbeiter nicht mit den Arbeitsbedingungen in der Organisation überein, so tendieren die Mitarbeiter dazu, ihre Bedürfnisse außerhalb der Unternehmung, also in der Freizeit oder bei alternativem Engagement, zu befriedigen.[104] Entweder verlassen sie die Unternehmung, oder sie ziehen sich innerhalb der Organisation zurück.[105] In beiden Fällen steht das Potential dieser Mitarbeiter für den Erfolg der Unternehmung nicht mehr zur Verfügung.[106] Soll der Verlust der wirtschaftlichen Leistungsfähigkeit verhindert werden, so muß sich die Führung einer Unternehmung auf den gesellschaftlichen Wertewandel einlassen, damit die Mitarbeiter ihr Leistungspotential innerhalb der Unternehmung entfalten können. Nur so kann die Unternehmungszukunft erfolgreich gestaltet werden.[107]

Die Beschäftigung mit sich verändernden und bereits veränderten Wertestrukturen bedeutet nun aber nicht, daß aktuelle gesellschaftliche Strömungen unreflektiert übernommen werden sollen. Vielmehr muß die Unternehmungsführung auf der Grundlage gefestigter Werte und unter Berücksichtigung der spezifischen Unternehmungskultur eine Antwort darauf finden, wie sie die Maßnahmen der Mitarbeiterführung (und der Unternehmungsführung im allgemeinen) mit dem Wertesystem der Mitarbeiter weitgehend in Einklang bringen kann.[108] Das Ergebnis solcher Überlegungen wird zuweilen unter dem Schlagwort einer *werteorientierten Personalpolitik* diskutiert.[109] Als mögliche Maßnahmen einer solchen Personalpolitik kommen nach SCHOLZ zum Beispiel eine weitgehende Delegation von Verantwortung, das Einräumen von Mitspracherechten für die Mitarbeiter, die Einrichtung gruppenbezogener Arbeitsformen und eine qualifizierte Personalentwicklung in Frage.[110]

Deutlich wird nun auch, daß ein rein aufgabenbezogener Führungsstil auf der Basis von formaler Autorität zunehmend auf Ablehnung stoßen wird.[111] Organisationen können nämlich verstanden werden als sichtbar gewordene Wertvorstellungen, welche die in der Vergangenheit dort beschäftigten Menschen innehatten.[112] Ändern sich nun die Werte der Mitarbeiter, so kann dies zu erheblichen Spannungen zwischen Mitarbeitern und Organisation führen.[113] BLEICHER faßt diese Problematik so zusammen: „Wir arbeiten in Strukturen von gestern mit Methoden von heute an Problemen von morgen vorwiegend mit Menschen, die Strukturen von gestern gebaut haben und das Morgen innerhalb der Organisation nicht mehr erleben werden."[114]

Mag ein aufgabenorientiertes Führungsverhalten während der ersten Hälfte unseres Jahrhunderts aufgrund der damaligen Wertvorstellungen noch angemessen gewesen sein, so wird klar, daß er den veränderten Werten heute nicht mehr gerecht werden kann.[115] Deshalb wird in zunehmendem Maße ein mitarbeiterorientierter Führungsstil erforderlich, der die in der Unternehmung arbeitenden Menschen mit ihren individuellen Bedürfnissen ernst nimmt.[116] Zusätzlich zu einem veränderten Führungsverhalten sind aber auch organisatorische Maßnahmen zu ergreifen, die es den Mitarbeitern ermöglichen, den Sinn ihrer Arbeit neu zu entdecken und ihre Selbstverwirklichungsbedürfnisse zu befriedigen.[117]

Ziel mitarbeiterorientierter Führung muß es aber vor allem sein, die Identifikation der Mitarbeiter mit der Unternehmung zu fördern. Den entscheidenden Vorteil der hohen Leistungsfähigkeit japanischer Unternehmungen sieht beispielsweise BIHL in dem hohen Grad an Übereinstimmung individueller Zielvorstellungen mit denen der Unternehmung.[118] Mitarbeiterführung muß deshalb immer dem einzelnen Beschäftigten die Möglichkeit geben, seine persönlichen Ziele *innerhalb* der Unternehmung verwirklichen zu können. Kann dadurch eine Übereinstimmung des Wertesystems des Mitarbeiters mit dem der Unternehmung erreicht werden, so läßt sich die Identifikation des Mitarbeiters mit der Organisation, in der er arbeitet, seine Motivation und Leistungsbereitschaft erhöhen.[119]

4.4.3 Schlanke Unternehmungsführung als Antwort auf den Wertewandel

Schlanke Unternehmungen sind in vielen Bereichen grundlegend anders gestaltet als Betriebe der traditionellen (oder modifizierten) Massenfertigung. Die Aufgaben der Führung schlanker Unternehmungen – in diesem Falle gleichbedeutend mit dem *Lean Management* – werden dabei stets von den beiden weiter oben beschriebenen Grundpostulaten schlanker Unternehmungen bestimmt, nämlich der Vermeidung jeglicher Verschwendung und der konsequenten Mitarbeiterorientierung.[120] Das Lean Management ergreift deshalb ganzheitliche Maßnahmen, die zwar primär auf die Steigerung der Wettbewerbsfähigkeit zielen, sich aber vor allem durch einen anderen Umgang zwischen Management und Mitarbeitern von herkömmlichen Ansätzen der Unternehmungsführung unterscheiden. Die schlanke Unternehmungsführung sieht in den beiden Postulaten deshalb auch nicht zwei voneinander unabhängige oder sich sogar widersprechende Anforderungen an ihre Arbeit; vielmehr akzeptiert sie deren enge Wechselwirkungen.

Das *Oberziel* einer jeden, auch einer schlanken Unternehmung in einer sich diskontinuierlich entwickelnden Umwelt ist und bleibt die *Erhaltung der Wettbewerbsfähigkeit*.[121] Die Wettbewerbsfähigkeit hängt vor allem von drei Faktoren ab: einer verbesserten Wirtschaftlichkeit der Unternehmung im Sinne einer Optimierung der Wertschöpfung, von einer erhöhten Reaktionsfähigkeit auf marktliche Erfordernisse, d. h. von Flexibilität und Schnelligkeit, sowie drittens von einer konsequenten Kundenorientierung. Gleichzeitig ist aber speziell der schlanken Unternehmungsführung bewußt, daß es stets die in einer Unternehmung beschäftigten Menschen sind, die von den effizienzsteigernden Maßnahmen des Managements betroffen sind. Es sind also nicht die finanziellen oder technologischen, sondern die menschlichen Ressourcen, die in schlanken Unternehmungen zu

Engpaß-Faktoren werden. Die *Humanzentrierung* ist die Antwort auf diesen Engpaß und kann somit als *Zwischenziel* des Lean Management angesehen werden, denn sie ist unabdingbare Voraussetzung für die wirtschaftliche Leistungsfähigkeit einer Unternehmung.[122] Aus diesem Grunde kommt der Mitarbeiterführung innerhalb des gesamten Lean Management eine herausragende Rolle zu.[123]

Die Aufgabe der *Mitarbeiterführung* ist es, „das bisher ungenutzte und damit brachliegende Potential"[124] aller Beschäftigten zu aktivieren und in den Dienst der (schlanken) Unternehmung zu stellen. Die Nutzung dieses Potentials ist nur möglich, wenn die (veränderten und sich verändernden) Bedürfnisse und Werte der einzelnen Unternehmungsmitglieder in den Maßnahmen der Mitarbeiterführung berücksichtigt werden. Insofern kann sich die Mitarbeiterführung und mit ihr die gesamte Unternehmungsführung nicht dem gesellschaftlichen Wertewandel entziehen.

Die Maßnahmen der Mitarbeiterführung in schlanken Unternehmungen zielen darauf ab, daß die Beschäftigten sich an ihrem Arbeitsplatz weitgehend selbst verwirklichen können.

Die Diskussion um den Wertewandel und verschiedene Motivationstheorien verweisen darauf, daß die Befriedigung derartiger Bedürfnisse Voraussetzung für einen hohen individuellen Leistungsbeitrag ist. Das schlanke Management anerkennt diesen Sachverhalt als überlebenswichtig für die wirtschaftliche Leistungsfähigkeit ihrer Unternehmung (und damit auch für das Erreichen des Oberziels wirtschaftender Organisationen, nämlich dem Erhalt ihrer Wettbewerbsfähigkeit in einer sich diskontinuierlich entwickelnden Umwelt). Somit ist die Mitarbeiterorientierung aus der Sicht der schlanken Unternehmungsführung nicht in erster Linie ein Akt der Menschenfreundlichkeit. Vielmehr ist das echte Interesse an den Mitarbeitern und die Berücksichtigung ihrer Bedürfnisse und Werthaltungen von existentieller wirtschaftlicher Bedeutung.

Um den gewandelten und neuen Anforderungen der Mitarbeiter an den Arbeitgeber gerecht zu werden, müssen die Maßnahmen der (schlanken) Unternehmungsführung bestimmten Kriterien genügen:

- Die Persönlichkeit jedes einzelnen Mitarbeiters muß respektiert werden. Das Verhältnis zwischen Vorgesetzten und Mitarbeitern muß sich durch gegenseitige Wertschätzung und Vertrauen auszeichnen.[125]
- Die Gestaltung der Unternehmungsführung muß dem Bedürfnis der Mitarbeiter nach Selbstverwirklichung am Arbeitsplatz Rechnung tragen.
- Diesem Bedürfnis nach Selbstverwirklichung kann am ehesten durch eine ganzheitliche, anspruchsvolle Gestaltung der Arbeitsaufgabe, insbesondere innerhalb gruppenorientierter Arbeitsformen entsprochen werden, aber auch durch die Anerkennung der individuellen Leistung (Feedback), durch eine umfangreiche Beteiligung der Mitarbeiter an Zielvereinbarungen und Entscheidungen sowie durch das Einräumen erweiterter Eigenverantwortung und -initiative.[126] Voraussetzung dafür ist eine reibungslos funktionierende Unternehmungskommunikation.
- Die Neugestaltung der Arbeitsorganisation bringt für die Mitarbeiter tiefgreifende Änderungen mit sich. Veränderte Aufgaben und Abläufe erfordern von den Beschäftigten veränderte, zum Teil auch neuartige Qualifikationen, die entsprechend zu fördern sind.
- Die gewandelten Werthaltungen der Mitarbeiter machen schließlich eine neuartige Gestaltung der Leistungsanreize, welche den Mitarbeitern als Kompensation für ihre Leistungsbeiträge angeboten werden, erforderlich. Dabei wird – analog der Richtung des Wertewandels – eine Verlagerung weg von materiellen und hin zu immateriellen Anreizen notwendig.

Durch Maßnahmen, die diesen Kriterien entsprechen, kann eine weitgehende Selbstverwirklichung der Mitarbeiter in einer schlanken Unternehmung ermöglicht werden, und zwar in dem Sinne, daß sich die Mitarbeiter mit der Arbeit, die sie zu erledigen haben, und mit der Organisation, in der sie arbeiten, besser identifizieren können.[127] Dieses Ziel muß das Handeln schlanker Unternehmungsführungen leiten, und nicht, wie immer wieder falsch behauptet wird, das Senken von Kosten um jeden Preis. Werden in einer Unternehmung Kosten übermäßig zu Lasten der Mitarbeiter gesenkt, so besteht die Gefahr, daß die Beschäftigten demotiviert werden und damit geringere Leistungen erbringen. Somit kann eine reine Rationalisierungspolitik die Wettbewerbsfähigkeit einer Unternehmung nachhaltig gefährden. Kann jedoch durch entsprechend gestaltete Maßnahmen der Unternehmungs- und der Mitarbeiterführung eine Identifikation der Mitarbeiter mit „ihrer" Unternehmung erreicht werden, so wird dadurch die individuelle Leistungsbereitschaft zunehmen und sich die Leistungsfähigkeit der Unternehmung insgesamt erhöhen. Nur dieser Ansatz kann somit zu einem anhaltenden Unternehmungserfolg beitragen.

5 Elemente mitarbeiterorientierter Führung in einer schlanken Unternehmung

5.1 Intensiver Einsatz von Gruppen- und Teamarbeit

5.1.1 Ursprünge gruppenorientierter Arbeitsformen

Ein Schlüsselprinzip schlanker Unternehmungen ist die *Konzentration auf Team- und Gruppenarbeit*. Die Diskussion um derartige Arbeitsformen dauert – wenn auch mit veränderter Intensität – seit nunmehr über 50 Jahren an. Auslöser waren die sogenannten Hawthorne-Experimente, die den sozialen Kontakten am Arbeitsplatz eine besondere Bedeutung für die Zufriedenheit der Mitarbeiter und damit für deren Leistungsverhalten beimaßen.[1] Vor allem von der Human-Relations-Schule wurde darauf hingewiesen, daß dem für damalige Zeiten neuartigen Motivationsmuster der Mitarbeiter durch eine Gestaltung der Organisationsstruktur Rechnung getragen werden müsse, die die zwischenmenschlichen Beziehungen bei der Arbeitsausübung stärker als bisher betont.[2] Die bevorzugte Arbeitsform der Human-Relations-Schule war deshalb die Arbeit in Gruppen.

Seitdem hat die Gruppenarbeit in fast allen Lehrbüchern der Organisation und auch der Personalführung ihren festen Platz.[3] Dennoch wurde das Team- oder Gruppenkonzept erst Ende der achtziger Jahre wieder neu belebt. Vorreiter war der schwedische Automobilhersteller VOLVO, der 1989 als erster in einem neuen Produktionswerk (in Uddevalla, Südschweden) in letzter Konsequenz die Gruppenarbeit einführte: Gruppen von 10-15 Mitarbeiter waren hier für die Montage eines *kompletten* Automobils zuständig.[4] Außer in Schweden (außer bei VOLVO wurde das Gruppenkonzept auch bei SAAB in größerem Umfang eingesetzt) beschäftigen vor allem japanische Unternehmungen einen erheblichen Anteil der Mitarbeiter in gruppenorientierten Arbeitsformen.[5] Im folgenden gilt es also zu untersuchen, welche Gründe für derartige gruppenorientierte Arbeitsformen in schlanken Unternehmungen sprechen.

5.1.2 Arbeitsgruppen oder Teams?

a) Arbeitsgruppen

Unter Arbeitsgruppen werden ausführende, in sich geschlossene Subsysteme innerhalb einer Unternehmung verstanden, die ihre Aufgabeninhalte zwar nicht selbst bestimmen, die aber weitgehende Autonomie bei der Gestaltung der Aufgabenerfüllung haben. Eine Gruppe besitzt also lediglich Vollzugsverantwortung.[6] Arbeitsgruppen sind auf Dauer oder wenigstens langfristig ausgelegte Einheiten in einer Organisation, die in sich sinnvolle Arbeiten ganzheitlich ausführen.[7]

b) Teams

Ein Team zeichnet sich dadurch aus, daß seinen Mitgliedern eine kollektive normative Kompetenz zugebilligt wird, daß also die Teammitglieder gemeinschaftlich Verantwortung wahrnehmen.[8] Diese Art der Verantwortung geht über die bloße Vollzugsverantwortung der Arbeitsgruppe hinaus. Durch den gemeinsamen Willensbildungsprozeß organisiert sich ein Team intern weitgehend selbst.[9] Die Mitglieder eines Teams sind interdisziplinäre Spezialisten, die jeweils die Kompetenz für einen ganz bestimmten Fachbereich besitzen, während die Mitglieder in einer Arbeitsgruppe eher Generalisten sind, nämlich Mitarbeiter, die aufgrund von Mehrfachqualifikationen unterschiedliche Tätigkeiten innerhalb der Gruppe ausführen können.[10] Ein Team wird darüber hinaus meist nur für ein konkretes Projekt zusammengestellt; es ist weniger dauerhaft angelegt als eine Arbeitsgruppe.[11] Teams können somit auch als Spezialfall der Arbeitsgruppe angesehen werden.[12]

Abb. 5.1:
Determinanten gruppenorientierter Arbeitsformen

Gruppenorientierte Arbeitsformen	
Arbeitsgruppen	*Teams*
• Ziele und Arbeitsinhalte werden fremd bestimmt • Weitgehende Autonomie der Arbeitsgruppe bei der Aufgabenerfüllung • Gruppenmitgleid = Generalist • Relativ dauerhafte Zusammenarbeit zur Erfüllung der alltäglichen Arbeit	• Ziele werden fremd gesetzt • Autonomie bei der Bestimmung der konkreten Arbeitsinhalte sowie bei der Aufgabenerfüllung • Teammitglied = Spezialist • Eher kurzfristige, projektbezogene Zusammenarbeit • Teams sind eine spezielle Form von Arbeitsgruppen, die sich zur Erfüllung eines Projektes aus Spezialisten interdisziplinär zusammensetzen.

Quellen: In Anlehnung an Probst [Organisation], S. 528 ff.
sowie Bendixen, Sp. 2227 f.

c) Vor- und Nachteile gruppenorientierter Arbeitsformen

Sieht man zunächst einmal von der Unterscheidung in Arbeitsgruppen und Teams ab und subsumiert beide unter dem Oberbegriff der gruppenorientierten Arbeitsformen, so lassen sich wenigstens vier Hauptvorteile erkennen, die aus ökonomischer Sichtweise für derartige Arbeitsformen sprechen:[13]

• Durch die Berücksichtigung individueller Verhaltensbedürfnisse wird eine weitgehende Aktivierung aller potentiellen menschlichen Fähigkeiten ermöglicht. Gruppenori-

entierte Arbeitsformen dienen also der Steigerung der *Leistungsmotivation*.[14]
- Die vielfältigen Interaktionsprozesse in einer Gruppe führen dazu, daß die Gruppenleistung die Summe der Einzelleistungen übersteigen kann.[15] Dieser sogenannte Gruppeneffekt basiert auf der Möglichkeit der Kräfteaddition, des Fehlerausgleichs und der strukturierten Koordination der Arbeitsaufgabe innerhalb der Gruppe.[16] Gruppenorientierte Arbeitsformen dienen also der Steigerung der *Problemlösungseffizienz*.
- Dadurch, daß verschiedene Personen über einen längeren Zeitraum mit demselben Ziel an derselben Aufgabe miteinander arbeiten und ihre Tätigkeit gemeinschaftlich verantworten, nimmt das Konfliktpotential in den interpersonalen Beziehungen ab.[17] Gruppenorientierte Arbeitsformen dienen also der Steigerung der *Gruppenkohäsion*.
- Durch ein hohes Maß an Autonomie der einzelnen Gruppen und durch kurze Entscheidungs- und Informationswege kann eine erhöhte Anpassungsfähigkeit der Organisation an Umweltveränderungen erreicht werden. Gruppenorientierte Arbeitsformen dienen also der Steigerung der organisationalen *Flexibilität*.[18]

Alle diese Argumente dienen letztlich dazu, daß der Arbeitsablauf in der Organisation wie auch die Produktqualität verbessert werden kann. Die Produktionskosten können gesenkt und die Kundenzufriedenheit gesteigert werden.[19] Neben diesen wirtschaftlichen, auf die Effizienzsteigerung der Unternehmung gerichteten Zielen tritt ein weiterer, ethisch-moralischer Grund, der für gruppenorientierte Arbeitsformen spricht: Wenn in einer Gruppe eine umfassende, ganzheitliche Tätigkeit anstelle eines einzelnen, monotonen Handgriffs am Fließband verrichtet wird, so kann dadurch die Entfremdung der Mitarbeiter von ihrer Arbeitsaufgabe maßgeblich reduziert werden.[20] Unter dem Gesichtspunkt der Humanisierung der Arbeit und aus Sicht der Mitarbeiter wird dieses Argument besonders positiv aufgenommen.[21] So kann die Einführung von gruppenorientierten Arbeitsformen zu einer höheren Arbeitszufriedenheit, aber auch zu einem höheren Verantwortungsbewußtsein und zu einer höheren Leistungsbereitschaft der in einer Unternehmung beschäftigten Menschen führen.[22]

Unbestreitbar hat die gruppenorientierte Arbeitsorganisation auch mit einigen Schwierigkeiten zu kämpfen. Diese sind vor allem in Inter- und Intragruppenkonflikten zu sehen,[23] aber auch in Gruppendruck, Gruppenbefangenheit, übersteigerter Risikofreude der Gruppe und in einem verhältnismäßig hohen Koordinationsaufwand.[24]

5.1.3 Gruppenorientierte Arbeitsformen in schlanken Unternehmungen

a) Entscheidungsgründe für Gruppen- und Teamarbeit

Sowohl wirtschaftliche als auch ethisch-moralische Gründe können also Unternehmungen dazu bewegen, gruppenorientierte Arbeitsformen einzuführen.

In schlanken Unternehmungen ist dies aber keine Entweder-Oder-Entscheidung, sondern vielmehr ein Sowohl-Als-auch: Schlanke Unternehmungen erkennen, daß nur Mitarbeiter, die ihre Bedürfnisse möglichst weitgehend innerhalb der Organisation befriedigen können, zu optimalen Leistungen bereit sind. Deswegen ist die Einführung solcher Arbeitsweisen unabdingbar, in denen sich die Mitarbeiter umfassend entfalten können.[25] Die derzeit immer noch vielversprechendste Form derartiger Arbeitsorganisationen ist die Gruppen- oder Teamarbeit.[26]

Wenn in einer schlanken Unternehmung also gruppenorientierte Arbeitsformen eingeführt werden, so ist dies eine Entscheidung, die zwar primär auf die Steigerung der Effizienz der Organisation gerichtet ist, die aber durch das der schlanken Unternehmungsführung zugrundeliegende Menschenbild sekundär der Humanisierung der Arbeit dient.[27] Die Herausforderung an die Mitarbeiterführung in solchen Unternehmungen ist es, diesen zweiten Aspekt gruppenorientierter Arbeitsformen genauso überzeugend zu vertreten wie den ersten.

b) Formen gruppenorientierter Arbeit in schlanken Unternehmungen

In schlanken Unternehmungen kommen gruppenorientierte Arbeitsformen sowohl in der Variante der Arbeitsgruppe als auch in der des Teams zum Einsatz. Im Gegensatz zu europäischen und amerikanischen Automobilunternehmungen, in denen jeweils nur ein kleiner Teil der Mitarbeiter in Gruppen oder Teams organisiert ist, arbeiten in entsprechenden schlanken Werken in Japan etwa 70% der Beschäftigten in gruppenorientierten Arbeitsformen.[28] Arbeitsgruppen und Teams werden in schlanken Unternehmungen deswegen nicht mehr nur als „ein ergänzendes Instrument für spezielle Projekt- oder Koordinationsaufgaben"[29] gesehen, sondern als die zentrale Form der Arbeitsorganisation. Die grundlegenden organisatorischen Einheiten in schlanken Unternehmungen sind damit viel mehr kollektivistisch denn individualistisch orientiert.[30]

Arbeitsgruppen werden vorwiegend in der Produktion, aber auch in allen anderen Bereichen einer schlanken Unternehmung eingesetzt. Besonderes Kennzeichen von Arbeitsgruppen ist es, daß ihre Mitarbeiter in der Ausübung der alltäglichen Tätigkeit zusammenarbeiten, und nicht nur „ad hoc" oder für bestimmte Projekte. Etwa zehn Mitarbeiter bilden zusammen eine Arbeitsgruppe, die sich in der Regel selbst steuert und koordiniert.[31] Vorgesetzte übernehmen dabei sehr viel stärker fördernde, koordinierende und beratende Aufgaben. Dazu gehört auch, daß die Gruppe solche Führungsfunktionen selbst ausübt, die traditionellerweise in den Aufgabenbereich von Vorgesetzten übergeordneter Hierarchieebenen fallen, wie etwa das Planen, Entscheiden, Organisieren oder Kontrollieren.[32] Ein aus der Mitte der Mitglieder gewählter Gruppensprecher vertritt die Interessen der Gruppe gegenüber Vorgesetzten und anderen Gruppen; er kann auch die Gruppensitzungen koordinieren.[33]

Einer Gruppe werden weitreichende Kompetenzen bezüglich der Arbeitsausführung zugewiesen, so daß sie die ihr übertragenen Aufgaben selbständig bearbeiten kann.[34] Zusätzlich zu den herkömmlichen produktiven Aufgaben werden nicht direkt wertschöpfende Tätigkeiten an die Arbeitsgruppen delegiert. Dadurch sind die Anforderungen an die Mitarbeiter hoch: Sie müssen umfassend qualifiziert sein, so daß sie prinzipiell jede in der Gruppe anfallende Arbeit ausführen können. Außer den fachlichen Anforderungen werden den Mitarbeitern hohe soziale Fähigkeiten abverlangt.[35]

Die Zuordnung bestimmter Tätigkeiten innerhalb der Gruppe auf einzelne Mitarbeiter ist variabel und als Teil einer gemeinsamen Gesamtaufgabe zu verstehen, ebenso wie auch die Aufgaben- und die Personaleinsatzplanung. Innerhalb der Gruppe sollen planende und ausführende Aktivitäten wieder vereint werden, um die Arbeit sinnvoller zu gestalten. Die Arbeitsaufgabe als solche, der Arbeitsumfang und der Personalbestand für die Gruppe sind jedoch vorgegebene und damit fixe Daten.[36]

Arbeitsgruppen beschränken sich in schlanken Unternehmungen aber nicht nur auf die herkömmliche Gruppenarbeit. Der Teamgedanke äußert sich nicht nur darin, daß über die Ausführung der Aufgaben selbst bestimmt, sondern daß auch über Möglichkeiten der Prozeß- und Qualitätsverbesserung diskutiert wird. Für solche Maßnahmen sind während der normalen Arbeitszeit regelmäßige Gruppengespräche vorgesehen. Die Gruppe kann Fachleute aus anderen Gruppen oder Abteilungen zur Lösung ihrer Probleme hinzuziehen; aber auch die Geschäftsleitung ist dazu verpflichtet, einer Einladung zu einem solchen Gruppengespräch Folge zu leisten.[37] Die Gruppengespräche, die ja der Verbesserung von Arbeitsabläufen und kundenorientierter Produktqualität dienen, werden als Element eines kontinuierlichen Verbesserungsprozesses *(Kaizen)* begriffen. In schlanken Unternehmungen werden derartige Elemente bewußt in die Arbeitsgruppe eingebunden, und nicht in Form freiwilliger Teams organisiert.[38]

Teams werden vor allem in nicht direkt wertschöpfenden Bereichen eingesetzt, insbesondere in der Entwicklung und Konstruktion. Teams werden zumeist speziell für bestimmte einzelne Projekte gebildet und setzten sich interdisziplinär aus verschiedenen Spezialisten zusammen. Durch das Zusammentreffen des gesamten für die Lösung eines Problems erforderlichen Fachwissens unter der klaren Zielvorgabe einer bestimmten, zuvor definierten Aufgabenstellung wird es möglich, neuartige, kreative und ganzheitliche Lösungen zu finden, die ohne den Einsatz von Teamarbeit möglicherweise nicht zustandegekommen wären.[39]

Durch die Zusammenfassung von Spezialisten aus allen notwendigen betrieblichen Teilbereichen wird der Koordinationsaufwand zwischen diesen einzelnen Funktionsbereichen begrenzt. Meistens werden diejenigen Spezialisten in ein Team delegiert, die aufgrund ihrer Fähigkeiten dafür am geeignetsten erscheinen. Die Teammitglieder bleiben ihrer ursprünglichen Abteilung aber auch während des Einsatzes in einem solchen Team angehörig. Sinnvollerweise werden die einzelnen Teams deswegen auch außerhalb der betrieblichen Hierarchie angesiedelt.

Ein Team hat einen verhältnismäßig mächtigen Leiter, der mit umfassenden Kompetenzen ausgestattet ist; wie auch bei der Arbeitsgruppe liegt dessen Aufgabenbereich aber eher in der Koordination als in der Kontrolle, eher in der Rolle des Moderators als in der des Machers.

5.1.4 Gruppenorientierte Arbeitsformen: Herausforderung für die Mitarbeiterführung

a) Erweiterung des Tätigkeits- und Kontaktspielraumes

Sollen gruppenorientierte Arbeitsformen in einer Unternehmung erfolgreich eingeführt werden, so ist es nicht damit getan, willkürlich einzelne Mitarbeiter zu Teams oder Gruppen zusammenzufassen.

Hintergedanke gruppenorientierter Arbeitsformen ist ja der Abbau von Arbeitsteilung in tayloristischem Sinne.[40] Dies bedeutet, daß den einzelnen Mitarbeitern durch die Einführung von Arbeitsgruppen oder Teams eine umfassendere und sinnvollere Tätigkeit ermöglicht werden soll als bei extremer Arbeitsteilung. Zu diesem Zweck muß für jeden Mitarbeiter sowohl der Handlungs-, der Gestaltungs-, der Entscheidungs- als auch der Kontaktspielraum vergrößert werden.[41]

Voraussetzung für weniger tayloristisch geprägte Arbeitsformen ist also zum ersten die Erweiterung des *Handlungsspielraumes*, also die Summe der Wahlmöglichkeiten, die in bezug auf das individuelle aufgabenbezogene Handeln bestehen. Gemeint ist damit der Freiraum bezüglich der Verfahrenswahl, des Mitteleinsatzes und der zeitlichen Organisation der Arbeitsaufgabe. Zweitens ist die Erweiterung des *Gestaltungsspielraumes* als Grundlage zu nennen, d. h. der Möglichkeit, die Arbeitsaufgabe selbst (und nicht nur deren Ausführung) individuell zu gestalten. Als dritte Voraussetzung gilt die Ausdehnung des *Entscheidungsspielraumes*, also des Ausmaßes der Entscheidungsfreiheit einer Person oder Gruppe zur Festlegung der durchzuführenden Aufgaben.[42]

Ergänzend zu den drei genannten Voraussetzungen für eine ganzheitliche Arbeitsgestaltung – die ULICH zusammenfassend als Erweiterung des *Tätigkeitsspielraumes* eines Mitarbeiters bezeichnet, und die allesamt durch einen zunehmenden Einfluß des einzelnen auf die Art und Gestaltung der von ihm auszuführenden Arbeitsaufgabe gekennzeichnet sind – nennt VON ROSENSTIEL als vierte Prämisse die Erweiterung des *Kontaktspielraumes*. Vor dem Hintergrund der bereits erwähnten Hawthorne-Experimente wird also in der Möglichkeit, während der Arbeitsausführung soziale Kontakte im Sinne von Kooperation und Kommunikation zu pflegen, eine weitere grundlegende Bedingung für eine Arbeitsgestaltung gesehen, die von dem tayloristischen Prinzip der strikten Arbeitsteilung Abstand nimmt.[43] Die Arbeit in Teams oder in Gruppen wird in der Literatur allgemein als Möglichkeit angesehen, eine weniger tayloristisch geprägte Arbeitsform zu gestalten.

Die nachfolgende Abbildung gibt einen Überblick darüber, wie die Erweiterung des Tätigkeits- sowie des Kontaktspielraumes zu einer ganzheitlichen und motivierenden Arbeitsgestaltung beitragen kann.

b) Voraussetzungen für gruppenorientierte Arbeitsformen

Die Voraussetzungen dafür, daß gruppenorientierte Arbeitsformen (im folgenden wird vereinfachend nur von Gruppen gesprochen) erfolgreich in schlanken Unternehmungen eingesetzt werden können, sind:[44]

- Die Gruppe hat Einfluß auf die sie betreffenden Zielsetzungen. Die Gruppe kann sich ihre Ziele zwar nicht selbst setzen, sie wird aber im Rahmen übergeordneter Unternehmungsziele an der Ableitung der Gruppenziele beteiligt.
- Der Gruppe wird eine weitgehende Selbstorganisation zugestanden; das heißt auch, daß ihr die Entscheidungsbe-

Abb. 5.2:
Ganzheitliche und motivierende Arbeitsgestaltung in schlanken Unternehmungen

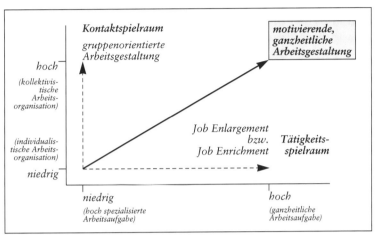

Quellen: In Anlehnung an Ulich [Arbeitspsychologie], S. 139 ff.
und v. Rosenstiel [Organisationspsychologie], S. 104 ff.

fugnisse über die Gestaltung der Arbeitsaufgabe im weitesten Sinne, also über die Produktionsmethode, die Aufgabenverteilung, die Arbeitszeit und gegebenenfalls auch den Produktionsort übertragen werden. Zu diesem Zweck muß der Gruppe auch ein ausreichender Dispositionsspielraum eingeräumt werden. So muß eine Gruppe die Möglichkeit haben, am Ort der Wertschöpfung Alternativen der Aufgabenerfüllung zu erarbeiten, und sie muß auch selbst darüber entscheiden können, welches die beste Alternative für das Erreichen der vereinbarten Ziele ist.[45]
- Der Gruppe wird die Verantwortung für die auszuführende Arbeitsaufgabe respektive für deren Ergebnis übertragen.
- Die Gruppe muß die Möglichkeit haben, auf alle relevanten Informationen zurückzugreifen, die sie für die Aufgabenerfüllung benötigt; und sie muß gegebenenfalls Personen ihrer Wahl zur Lösung von Problemen hinzuziehen können.

- Die Gruppe muß Fragen ihrer internen Führung autonom entscheiden können, insbesondere ob sie einen Führer für gruppeninterne Zwecke haben möchte bzw. ob sie einen Gruppensprecher für die externe Kommunikation benötigt und welche Gruppenmitglieder im Einzelfall diese Posten einnehmen sollen.
- Die Gruppe muß selbst darüber entscheiden können, wer Gruppenmitglied wird, damit eine optimale Leistungsabstimmung innerhalb der Gruppe gewährleistet werden kann.

Werden die genannten Bedingungen für erfolgreiche gruppenorientierte Arbeitsformen eingehalten, so kann sich zum einen eine weitgehende Zufriedenheit der Beschäftigten mit ihrer Arbeit ergeben – und damit auch eine verhältnismäßig hohe Identifikation der Mitarbeiter mit der Unternehmung, in der sie arbeiten. Zum anderen kann genau dadurch das Leistungsniveau der Mitarbeiter (mitunter signifikant) ansteigen.[46] Es ist also erneut der Dualismus von Leistungssteigerung in der Organisation und weitreichender Arbeitszufriedenheit der Mitarbeiter zu beobachten, der schlanke Unternehmungen kennzeichnet.[47]

Die Herausforderung für die Führung solcher schlanken Unternehmungen besteht nun vor allem darin, Entscheidungsbefugnisse und Verantwortung an die Gruppen und Teams abzugeben und diese in ihrer Arbeit so weit als möglich zu unterstützen. Die BAYER AG, Leverkusen, will beispielsweise die Voraussetzungen für die Delegation von Aufgaben und von Verantwortung verbessern und verspricht sich davon eine größere Flexibilität am Markt und schnellere Entscheidungswege.[48] Die Rolle der Führungskräfte entwickelt sich hin zu Förderern der Gruppen und Teams.[49] Die Vorgesetzten kümmern sich also weniger darum, wer eine Aufgabe wie erfüllt, sondern sie bemühen sich um ein solidarisches und damit leistungsförderndes Arbeitsklima innerhalb der Gruppe.[50] Dabei wird die Individualität jedes einzelnen Mitarbeiters anerkannt, denn die Vielfalt von Individuen macht erst die Stärke einer Gruppe aus.[51] Darüber hinaus rückt die Moderation und die Koordination der verschiedenen Gruppen und Teams in den Mittelpunkt des Führungshandelns.[52] So verstanden ist das Ziel der Führung schlanker Unternehmungen ein ganzheitliches, funktionsfähiges Netzwerk von unterschiedlichen Gruppen und mannigfaltigen interpersonalen Beziehungen.[53]

c) Probleme bei der Übertragung fernöstlicher Gruppenarbeit: Individualismus statt Familiensinn

Unabhängig von der in der Literatur verschiedentlich geäußerten Generalkritik an den Konzepten gruppenorientierter Arbeitsgestaltung soll an dieser Stelle lediglich auf das spezielle Problem der Kulturabhängigkeit von Gruppenansätzen eingegangen werden. Schwierigkeiten bei der Übertragung von Gruppenkonzepten japanischen Ursprungs auf westliche Gesellschaftsverhältnisse könnten sich vor allem daraus ergeben, daß im Westen der Mensch als Individuum eine sehr viel wichtigere Rolle spielt denn als Gruppenwesen, wie dies im Fernen Osten der Fall ist.

In einer traditionell hochgradig arbeitsteiligen Wirtschaft herrscht individualistisches Ellenbogendenken. Jeder ist sich selbst der nächste. Für Menschen, die in dieser Weise selbstzentriert sind, ist es nur schwer vorstellbar, Gruppenverantwortung zu übernehmen,[54] eben weil sie in ihrem ganzen Denken und Handeln selbständig und von anderen unabhängig sein wollen. Skizziert man dagegen den kulturellen Rahmen, in dem schlanke Produktionsweisen – und damit auch die hier zugrundegelegten Gruppenarbeitskonzepte – entstanden sind, so muß man erkennen, daß fernöstliches, konfuzianisches Gedankengut von harmonischen Gruppenbeziehungen ausgeht. Als Gruppen können sowohl Familien als auch Unternehmungen fungieren. Menschen im Land der aufgehenden Sonne sind grundsätzlich und zuallererst Teil einer Gruppe.[55] Japaner sind deswegen auch viel stärker mit Aktivitäten und Entscheidungen auf Gruppenbasis vertraut als Menschen westlicher Prägung. Sie zeichnen sich demzufolge auch durch eine für westliche Verhältnisse extrem hohe Gruppenidentität aus.[56]

Wenn also im Westen gruppenorientierte Arbeitsformen als Bestandteil schlanker Unternehmungen eingesetzt werden, so ist die Basis dafür eine andere als in Japan. In der westlichen Welt, also in Europa und in den USA, wird der Mensch als individuelles und soziales Wesen betrachtet, von dem allerdings erwartet wird, daß er mit anderen Menschen in Gruppen oder Teams zusammenarbeitet, um dadurch die Ziele der Unternehmung zu verwirklichen.[57] Menschen im Westen arbeiten weniger wegen eines stark ausgeprägten Familiensinns in Gruppen miteinander, sondern weil die Gruppenarbeit insgesamt einen umfassenderen Sinnzusammenhang gewährleistet. Gruppenarbeit wird also zuerst deswegen akzeptiert, weil sie mit ihr eine übertriebene Arbeitszerlegung überwunden und einzelne Handgriffe zu einer ganzheitlichen Tätigkeit zusammengefügt werden können. Dadurch wird der Sinngehalt der Arbeit insgesamt zunehmen; die Mitarbeiter können damit eher ihr Bedürfnis nach Selbstverwirklichung in einer sinnvollen Arbeit verwirklichen. Gruppenarbeit westlicher Prägung kann deswegen auch so interpretiert werden, daß es sich um ein aus individueller Sicht zweckrationales Zusammenwirken von verschiedenen, individuellen Menschen handelt.[58]

Gelingt es, daß durch gruppenorientierte Arbeitsformen sowohl die individuellen Bedürfnisse ihrer Mitglieder befriedigt werden, als auch, daß sich die Mitglieder gegenseitig in der Erreichung der kollektiven Unternehmungsziele unterstützen, so steht der westlichen Welt eine ganz besonders fruchtbare Kombination offen: Die Stärken der westlich geprägten Mitarbeiter (Eigeninitiative, selbständiges Denken und Handeln sowie die Bereitschaft, individuelle Verantwortung zu übernehmen) können mit den Vorzügen östlich geprägter gruppenorientierter Arbeitsformen verknüpft werden.[59]

Die Herausforderung an die Führung schlanker Unternehmungen ist also, sowohl als Förderer, Promotor und Koordinator von Arbeitsgruppen und Teams in Erscheinung zu treten, gleichzeitig aber jeden einzelnen Mitarbeiter in seiner Individualität zu akzeptieren und ihn in den Mittelpunkt seines Handelns und seiner Entscheidungen zu stellen.

5.2 Kommunikation in flachen Hierarchien

5.2.1 Information und Kommunikation

Für Unternehmungen, die in einer immer turbulenter werdenden Umwelt agieren und die selbst immer komplexer werden, hängt ihre Zukunft entscheidend von der Art und der Qualität der Informationen ab, die sie ihren Entscheidungen und Handlungen zugrunde legen.[60] *Informationen* werden deshalb als „zweckorientiertes Wissen, also solches Wissen, das zur Erreichung eines Zweckes, nämlich einer möglichst vollkommenen Disposition eingesetzt wird",[61] definiert.

In schlanken Unternehmungen werden viele Entscheidungen dezentral getroffen und die Verantwortung dorthin delegiert, wo die tatsächliche Wertschöpfung erfolgt. Damit wird aber auch erforderlich, daß das entsprechende zweckorientierte, weil entscheidungsrelevante Wissen denjenigen Mitarbeitern, Gruppen oder Teams zur Verfügung steht, die es für ihre Entscheidungen tatsächlich benötigen. Die Weitergabe von Informationen ist deshalb eine besonders wichtige Führungsaufgabe – nicht nur, aber vor allem auch in schlanken Unternehmungen.[62]

Bei der Weitergabe von Informationen handelt es sich um einen interpersonalen Akt, da wenigstens zwei Personen direkt oder indirekt in Kontakt treten müssen.[63] Die Übermittlung von Nachrichten in Form eines solchen im weitesten Sinne zwischenmenschlichen Prozesses wird gemeinhin als *Kommunikation* bezeichnet.[64] Kommunikation schließt ausdrücklich alle Komponenten menschlichen Verhaltens verbaler und nonverbaler Art ein.[65] Dazu gehört auch, daß Kommunikation, obwohl sie oft zweckgerichtet erfolgt, unabhängig von einer solchen absichtlichen Zielsetzung zustande kommt und insbesondere auch unabhängig davon ist, ob sie in diesem Sinne letztlich erfolgreich war.[66] Die bewußte Einflußnahme eines Senders auf einen Empfänger sowie das Erzielen eines gegenseitigen Verständnisses über den Inhalt der Botschaft ist also nicht Voraussetzung für das Zustandekommen von Kommunikation.[67] Bei der *gezielten* Übermittlung von Informationen als Teilbereich der Kommunikation beabsichtigt allerdings der Sender eine Wirkung beim Empfänger.[68]

Die Aufgabe der Kommunikation als Führungsinstrument ist es, den Mitarbeitern Orientierung zu vermitteln und eine hohe (Leistungs-) Motivation zu ermöglichen.[69]

5.2.2 Gründe für eine freizügige Informationspolitik

In schlanken Unternehmungen sollte aus verschiedenen Gründen „ein offener, permanenter Informationsaustausch und eine intensive Kommunikation zwischen allen Unternehmungsmitgliedern"[70] gepflegt werden.

Auf die Notwendigkeit, daß alle Stellen einer Unternehmung, die Entscheidungen zu treffen haben, in ausreichendem Maße auf für sie relevante aufgabenbezogene Informationen zurückgreifen können, wurde bereits weiter oben hingewiesen.[71] Daneben existiert aber eine Reihe von weiteren Gründen, die zwar nicht in erster Linie auf die Effizienz der Unternehmung im Sinne von Entscheidungen über den wirtschaftlichen Umgang mit Ressourcen abzielen, die auf den Unternehmungserfolg letztlich aber einen ähnlich großen Einfluß haben.

Einer dieser Gründe für einen freizügigen Umgang mit Informationen in schlanken Unternehmungen ist in einer möglichen *Verhaltensbeeinflussung* der Mitarbeiter zu sehen. Ziele einer umfassenden Mitarbeiterinformation in diesem Sinne sind vor allem auch die Motivationssteigerung der Beschäftigten und das Erreichen einer besseren

Identifikation der Mitarbeiter mit „ihrer" Unternehmung.[72] Das Gefühl der Beschäftigten, über alle wichtigen Fragestellungen umfassend informiert zu werden, erleichtert darüber hinaus die Akzeptanz von Entscheidungen, welche diese Mitarbeiter nicht selbst treffen.[73]

Ein anderer Grund für eine umfangreiche Mitarbeiterinformation ist in der *Mitarbeiterbeeinflussung* durch eine konsequente Mitarbeiterorientierung zu sehen. GAUGLER formuliert das dahinterstehende Informationsziel – allgemein und unabhängig von der Problematik schlanker Unternehmungen, gleichwohl in besonderem Maße für diese geltend – als „Achtung vor der personalen Würde des arbeitenden Menschen."[74]

Die in dieser Aussage zum Ausdruck kommende besondere Sichtweise des Menschen, die gerade schlanken Unternehmungen zu eigen ist, verdeutlicht nochmals, daß der Mensch als individuelles und soziales Wesen von den Vorgesetzten ernstgenommen wird. Eine umfassende, über den Bedarf für die tägliche Arbeit hinausgehende Information der Mitarbeiter ist dann die Voraussetzung dafür, daß sich Menschen in der Ausübung ihrer Tätigkeit entfalten, bei der Arbeit konstruktiv mitdenken und so einen möglichst optimalen Leistungsbeitrag erbringen können.[75]

Das Ziel der Informationspolitik in schlanken Unternehmungen sollte es deshalb sein, die unternehmungsinternen und -externen Zusammenhänge transparent und für jeden Mitarbeiter nachvollziehbar zu machen.[76] Dadurch kann ein harmonisches und leistungsförderndes Arbeitsklima erzielt werden, das erneut sowohl der Erreichung der individuellen Ziele der Mitarbeiter als auch der kollektiven Ziele der Unternehmung zuträglich ist, das also sowohl der weitgehenden Selbstverwirklichung am Arbeitsplatz als auch der optimalen Ressourcennutzung und damit der Leistungsfähigkeit der Unternehmung dient.[77] Ein derartiges Informationsverhalten wird von MACHARZINA deshalb auch als sowohl arbeitnehmer- als auch unternehmungsorientiert bezeichnet.[78]

Die nachfolgende Abbildung 5.3 verdeutlicht noch einmal die beiden Zieldimensionen der Informationspolitik in schlanken Unternehmungen.

Abb. 5.3:
Dimensionen informationspolitischer Ziele

Informationspolitische Ziele	
Verhaltensbeeinflussung	*Mitarbeiterbeeinflussung*
• Integration der Mitarbeiter in die Unternehmung • Aufgabenerfüllung in der Unternehmung • Meinungsbildung • Repräsentation der Unternehmung • Konflikthandhabung	• Beziehungen der Mitarbeiter innerhalb der Unternehmung • Persönlichkeit jedes einzelnen Mitarbeiters • Entwicklung und Qualifizierung jedes einzelnen Mitarbeiters

Quelle: In Anlehnung an Macharzina [Informationspolitik], S. 74.

5.2.3 Maßnahmen der Informations- und Kommunikationspolitik in schlanken Unternehmungen

Die zielgerichtete Kommunikation einer Unternehmung weist eine interne und eine externe Komponente auf. Unter externer Kommunikation wird die Weitergabe von Informationen an die Unternehmungsumwelt verstanden, während sich die interne Kommunikation zwischen Führungskräften und Mitarbeitern innerhalb der Unternehmung abspielt.[79] Aus der Sichtweise der mitarbeiterorientierten Führung interessiert vor allem die unternehmungsinterne Kommunikation als Gestaltungsinstrument der Beziehungen zwischen Vorgesetzten und Mitarbeitern, aber auch unter den Mitarbeitern.

Die interne Informationsübermittlung kann nochmals unterteilt werden, und zwar in den Bereich der direkt aufgabenrelevanten Informationen sowie in das weite Feld allgemeiner unternehmungsinterner Informationen, also beispielsweise über die Unternehmung im allgemeinen oder über Veränderungen der marktlichen oder technischen Bedingungen, so sie nicht direkt entscheidungsrelevant sind.[80] Maßnahmen, die zur Gestaltung einer funktionsfähigen innerbetrieblichen Kommunikation ergriffen werden sollen, müssen dabei sowohl den Teilbereich der aufgabenrelevanten als auch den der allgemeinen Informationen beinhalten.

Abb. 5.4:
Elemente einer zielgerichteten Unternehmungskommunikation

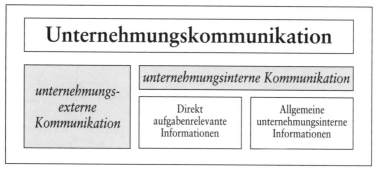

Quellen: In Anlehnung an Bührlen [Kommunikationspolitik], S. 384 ff. und an Macharzina/Dedler [Analyse], S. 2.

In der Literatur wurde auf eine Vielzahl möglicher (Einzel-) Maßnahmen und Mittel hingewiesen, die zur Gestaltung einer umfassenden, vorbehaltlosen und offenen Mitarbeiterinformation in Frage kommen.[81] Ohne die Bedeutung der vorgeschlagenen Informations- und Kommunikationsmöglichkeiten auch für schlanke Unternehmungen schmälern oder gar in Frage stellen zu wollen, möchte ich mich in dieser Arbeit dennoch auf die Darstellung von nur zwei Aspekten einer freizügigen Informationspolitik beschränken, die für schlanke Unternehmungen von besonderem Interesse sind.

a) Schaffung organisatorischer Voraussetzungen

Eine permanente, umfassende Information der Mitarbeiter sowohl mit aufgabenrelevantem Wissen als auch mit allgemeinen Nachrichten erfordert bestimmte organisatorische Voraussetzungen. Grundlegend ist dabei vor allem, daß die Kommunikationswege so kurz und direkt als möglich gestaltet werden, so daß dadurch eine möglichst hohe Effizienz bei der Übermittlung von Informationen gewährleistet wird. In einer Organisationsstruktur, in der die Anzahl der hierarchischen Ebenen sehr gering ist, läßt sich dieses Ziel am ehesten verwirklichen. Außerdem hat eine derartige schlanke Organisation mit möglichst wenigen Hierarchiestufen den Vorteil, daß die Mitarbeiter umfassender in die Verantwortung eingebunden werden können.[82]

Voraussetzung dafür, daß es in einer solchen *flachen Organisation* tatsächlich auch zu einer verbesserten Kommunikation kommen kann, ist, daß die Verantwortlichkeiten innerhalb der Unternehmung eindeutig und klar zugeordnet sind und daß diese allgemein bekannt sind.[83] Nur so läßt sich aus der Reduktion von Schnittstellen durch einen Hierarchieabbau auch der Vorteil einer direkten Kommunikation realisieren, ohne daß durch die wegfallenden hierarchischen Gliederungsprinzipien und Dienstwege die Informationsübermittlung unübersichtlich und chaotisch wird.

Ein wichtiges Hilfsmittel für eine reibungslose Informationsweitergabe und damit für eine funktionsfähige Kommunikation ist der Einsatz wirkungsvoller *EDV-Systeme*. Durch derartige Systeme der elektronischen Datenverarbeitung wird es erst möglich, mit der Vielzahl der in einer Unternehmung vorhandenen und benötigten Daten effektiv und effizient umzugehen. Es sind dabei drei wesentliche Gründe, die für den Einsatz der EDV zur Informationsgewinnung und -übermittlung im Rahmen schlanker Unternehmungen sprechen:

- Möglichkeit der organisatorischen Bewältigung der innerhalb und außerhalb der Unternehmung anfallenden Datenflut,
- Möglichkeit der gezielten und effizienten Aufarbeitung dieser Daten im Sinne einer Extraktion der wesentlichen Informationen und deren komprimierte Darstellung in einer für die Entscheidungs- und Handlungsträger relevanten Form, sowie
- Möglichkeit der rechtzeitigen und umfassenden Bereitstellung von entscheidungsrelevanten Daten an alle Mitarbeiter, die entsprechende Informationen benötigen.

b) Offenheit und Kommunikationsbereitschaft der Vorgesetzten

Neben der kommunikationsfreundlichen Gestaltung einer Organisation ist die absolute Bereitschaft der Vorgesetzten zu einer aktiven, offenen, permanenten und umfassenden Kommunikation mit ihren Mitarbeitern die wohl wichtigste Bedingung für einen effektiven Umgang mit Informationen in einer schlanken Unternehmung.[84] Die Einsicht, daß nur informierte Mitarbeiter in ausreichendem Maße dazu motiviert sind, die von ihnen erwartete Leistung zu erbringen,[85] muß sich in dem Führungshandeln des Managements und damit auch in dessen Kommunikationsstil niederschlagen. Ein hochgradig mitarbeiterorientierter Vorgesetzter wird deshalb auch in der Art und Weise, wie er kommuniziert, die Menschen, mit denen er zu tun hat, in den Mittelpunkt stellen.[86] Er interessiert sich aufmerksam und ehrlich für seine Mitarbeiter, für ihre Probleme, Wünsche und für ihr Befinden.[87]

Es gilt den Mitarbeitern zu zeigen, daß Partnerschaft und Partizipation nicht nur wohlklingende Floskeln sind, sondern daß die Führungskraft die Mitarbeiterorientierung ernst nimmt. Am überzeugendsten kann dies gelingen, wenn das Management von sich aus eine beispielhafte Offenheit den Mitarbeitern gegenüber demonstriert und die Bereitschaft signalisiert, Aufgaben zu delegieren und Verantwortung abzugeben.[88] Lebt eine Führungskraft solche Offenheit überzeugend vor, so wird eben jene „sehr rasch und gerne von den Mitarbeitern erwidert."[89]

Eine in diesem Sinne offene, weil mitarbeiterorientierte Kommunikation bedeutet auch, daß der Informationsaustausch keine Einbahnstraße von oben nach unten bleibt. Mit gleicher Berechtigung fließt der Strom der Informationen dann auch von unten nach oben sowie quer durch alle Hierarchien.[90] Dadurch wird es möglich, daß Probleme, die den Mitarbeitern an der Basis längst bekannt sind, auch tatsächlich gelöst und nicht einfach unter den Teppich gekehrt werden.[91] Für die Mitarbeiter muß ein freier und offener Umgang mit Informationen ein ganz natürlicher Weg werden, um zum Erfolg ihrer Gruppe und damit der Unternehmung insgesamt beizutragen.[92] Schwachstellen in der Unternehmung müssen angesprochen und Lösungsvorschläge unterbreitet werden dürfen, ohne daß sich die Mitarbeiter deswegen Sorgen um ihre Karriere oder gar um ihren Arbeitsplatz machen müßten.[93]

Als konkrete Maßnahmen einer solchen freizügig gestalteten und durch große Offenheit geprägten Informationspolitik einer schlanken Unternehmung kommen beispielsweise in Frage:

- *Open-Door-Prinzip*, das heißt, jeder Mitarbeiter kann jederzeit und ohne Voranmeldung zu seinem Vorgesetzten

gehen und mit ihm reden.⁹⁴ Der Führungskraft sind Besuche seiner Mitarbeiter nicht lästig, im Gegenteil: Der Manager informiert gerne über alle wichtigen Entwicklungen und bezieht seine Mitarbeiter selbstverständlich so früh wie möglich in den Prozeß der Entscheidungsfindung mit ein.⁹⁵
- Die *Arbeitsanordnung* in der Gruppe ist so gestaltet, daß eine umfassende Kommunikation während der Arbeitsausführung möglich ist. Innerhalb eines Betriebes sind ausreichend räumliche Möglichkeiten vorhanden, in denen formale, vor allem aber auch informale Kommunikation ermöglicht wird.⁹⁶
- Der Vorgesetzte legt Wert auf den *persönlichen Informationsaustausch* mit seinen Mitarbeitern. Dazu muß er in der Lage sein, den Anliegen seiner Mitarbeiter richtig zuzuhören. Manager und Mitarbeiter versuchen, sich und ihre Positionen gegenseitig zu verstehen.⁹⁷
- Die Mitarbeiter werden ermutigt, ihre Anliegen vorzubringen. Der Vorgesetzte versucht deutlich zu machen, daß ihm die Meinung jedes einzelnen seiner Mitarbeiter wichtig ist, und gibt diesen so ein Gefühl des *Vertrauens*.⁹⁸
- Schließlich legt der Vorgesetzte Wert darauf, daß alle Mitarbeiter rechtzeitig und umfassend unterrichtet werden und daß die Informationen, die weitergegeben werden, klar und unmißverständlich sind.⁹⁹

Allerdings, und dies sei abschließend betont, bedeutet eine intensive und offene Kommunikation und ein freizügiger Umgang mit Informationen in einer Unternehmung ausdrücklich nicht, „alles zu zerreden, über alles und jeden sich austauschen zu müssen – es bedeutet, daß über das geredet und gesprochen wird, was von unten nach oben und von oben nach unten als Bedarf entsteht, was als wichtig empfunden wird."¹⁰⁰

5.2.4 Mit Konflikten produktiv umgehen

Konflikte – verstanden als Ausdruck struktureller bzw. individueller Unvereinbarkeiten, die in Spannungen zwischen Personen respektive zwischen Individuen und Organisation deutlich werden und so zu Auseinandersetzungshandlungen führen können[101] – werden in schlanken Unternehmungen nicht mehr grundsätzlich als Störung des reibungslosen Wertschöpfungsprozesses empfunden, wie dies in Unternehmungen traditioneller tayloristischer Prägung regelmäßig der Fall war (und zum Teil auch noch ist). Schlanke Unternehmungen erkennen statt dessen, daß Konflikte durchaus auch positive Folgen haben können, wenn sie in einer sozialproduktiven Weise gehandhabt werden.[102] Insbesondere die Entwicklung neuartiger, unkonventioneller und kreativer Problemlösungsansätze kann durch das bewußte Zulassen von Konflikten forciert werden.[103]

Voraussetzung dafür, daß die Produktivkraft von Konflikten in Unternehmungen genutzt werden kann, ist die Konfliktfähigkeit aller Beteiligten (also die Bereitschaft, unterschiedliche Standpunkte zu akzeptieren und der Wille, auftretende Spannungen direkt und aktiv einer Lösung zuzuführen).[104]

Für die konstruktive Konflikthandhabung sind in einer schlanken Unternehmung bestimmte Rahmenbedingungen zu schaffen. Diese müssen es den an einem Konflikt beteiligten Personen ermöglichen, die Ursachen und Bedingungen des Konfliktes wahrzunehmen, unterschiedliche Argumente kennenzulernen und zu akzeptieren, sowie Lösungswege zu erkennen.[105] Es wird deutlich, daß eine fruchtbare Austragung von Konflikten nur möglich ist, wenn alle Beteiligten versuchen, sich gegenseitig zu verstehen. Die Bedingungen, um einen Konflikt sozialproduktiv zu lösen, sind also:[106]

- Die Aufrechterhaltung einer dauernden und offenen Kommunikation zwischen allen Beteiligten.
- Ein rechtzeitiger und umfassender Informationsaustausch.
- Das Ergreifen von Maßnahmen zur Problemlösung.

Eine offene und umfassende Kommunikation dient also nicht nur der effizienten Entscheidungsfindung und der Motivation der Mitarbeiter, sondern auch einer kontrollierten und produktiven Konflikthandhabung, deren positiver Beitrag zu einem leistungssteigernden Arbeitsklima und zu einer Verbesserung von Arbeitsprozessen und der Qualität der erstellten Leistungen nicht unterschätzt werden sollte.

5.3 Qualifizierung der Mitarbeiter

5.3.1 Schlüsselqualifikationen in schlanken Unternehmungen

a) Die Herausforderung der flexiblen Arbeitsorganisation

Im Gegensatz zu traditionellen, tayloristisch geprägten Massenproduzenten agieren schlanke Unternehmungen in einer sich diskontinuierlich entwickelnden Umwelt. War in Zeiten stabiler Unternehmungsumwelten die tayloristische Fertigung, die von den eingesetzten Arbeitskräften eine immer weitergehende Spezialisierung ihrer Fähig- und Fertigkeiten verlangte, die vielleicht beste Form der Organisation produzierender Unternehmungen, so gelangt sie doch in weniger statischen Umgebungen schnell an ihre Grenzen. Die Gefahr, daß durch eine zu weitgehende Spezialisierung die flexible Reaktionsfähigkeit auf die Erfordernisse der Umwelt und des Marktes zu sehr eingeschränkt wird, führt zu der Notwendigkeit neuartiger Formen der Arbeitsorganisation.[107]

Statt eines weiteren Vorantreibens der auf die reine Routinisierung ausgerichtete Arbeitsteilung steht dabei die schrittweise Entwicklung einer ganzheitlicheren Aufgabengestaltung im Vordergrund.[108]

Schlanke Unternehmungen gestalten deswegen ihre Arbeitsorganisation so, daß sie einen möglichst flexiblen Einsatz ihrer Mitarbeiter erlaubt. Flexibilität bezieht sich in diesem Zusammenhang aber nicht allein darauf, daß einzelne Mitarbeiter an unterschiedlichen Arbeitsplätzen eingesetzt werden können – auch wenn dies eine Grundvoraussetzung für eine effektive Arbeit in Gruppen ist. Vielmehr bezieht sich der flexible Einsatz von Mitarbeitern auch auf die Arbeitszeit sowie auf die quantitative und qualitative Gestaltung der Arbeitsorganisation.[109]

Ein Bedarf an flexiblem Arbeitseinsatz besteht in schlanken Unternehmungen in dem Ausmaß, wie dadurch Risiken, die aus diskontinuierlichen Umweltentwicklungen erwachsen, minimiert und im Gegenzug Chancen, das Unternehmungsziel zu erreichen, erhöht werden können.[110] Durch eine weitgehende Flexibilisierung in diesen Bereichen soll also die Reaktionsfähigkeit der Unternehmung erhöht und damit die Wettbewerbsposition am Markt verbessert werden.

b) Veränderte Mitarbeiterqualifikationen

Schlanke Unternehmungen stellen einen hohen Anspruch an die Qualifikation ihrer Mitarbeiter. In der nachfolgenden Abbildung 5.5 werden zunächst die wichtigsten der in einer schlanken Unternehmung benötigten fachlichen und sozialen Schlüsselqualifikationen überblicksartig dargestellt.

In dem Maße, wie die Mitarbeiter in einer schlanken Unternehmung durch die Milderung des tayloristischen Systems flexibler eingesetzt werden und sich dadurch der Einsatzbereich jedes einzelnen erweitert, werden von den Beschäftigten umfassendere Kompetenzen gefordert. Analog der Aufhebung der weitgehenden arbeitsteiligen Spezialisierung der Arbeitsorganisation werden sich auch die Anforderungen, die schlanke Unternehmungen an ihre Mitarbeiter stellen, immer weiter von einer Qualifikation wegbewegen, die im Extremfall auf nur einen einzigen, spezifischen Handgriff ausgerichtet ist. Für einen flexiblen Arbeitskräfteeinsatz kann eine solche hochspezialisierte (Mit-) Arbeiterqualifikation einen nur geringen Beitrag leisten.[111]

Anstatt von Mitarbeitern eine immer speziellere Qualifikation in einem eng begrenzten Tätigkeitsgebiet zu fordern, werden von den in einer schlanken Unternehmung beschäftigten Menschen deshalb umfangreiche fachliche *und* soziale

Kompetenzen verlangt.[112] Dabei verlagert sich der Schwerpunkt der fachlichen Kenntnisse hin zu einer umfassenden, generalistisch angelegten Mehrfachqualifikation, weil der Arbeitseinsatz in Gruppen die Beherrschung eines weiten Feldes von aufgabenbezogenen Fähigkeiten notwendig macht.[113] Das Zusammenwirken mehrerer Menschen in gruppenorientierten Arbeitsformen erfordert darüber hinaus aber vor allem auch soziale Fähigkeiten; Qualifikationen, die in der tayloristischen Massenfertigung weitgehend unbekannt waren.[114]

Abb. 5.5:
Schlüsselqualifikationen in einer schlanken Unternehmung

Schlüsselqualifikationen

fachliche Kompetenz	*soziale Kompetenz*	
	methodische Kompetenz	persönliche Kompetenz
• detaillierte, aufgabenbezogene Fähigkeiten und Fertigkeiten • Erfahrung • grundlegende Kenntnisse von Randgebieten (i. S. von Mehrfachqualifikationen)	• logisches, abstrahierendes und ganzheitliches Denken • Entscheidungsfindung • Selbstorganisation • Problemlösungstechniken • Konfliktlösungsstrategien • individuelle Arbeitstechniken • Gruppenarbeitstechniken • Prozeßkompetenz • Internalisierung „schlanker" Werte	• Kommunikationsfähigkeit • Kooperationsfähigkeit • Partizipationsfähigkeit • Interaktionsfähigkeit • Kreativität • Flexibilität • Mobilität • permanente Lernbereitschaft • Teamfähigkeit

Quellen: In Anlehnung an Antoni [Arbeit], S. 37 ff., Fauth [Personalarbeit], S. 148, Frackmann/Lehmkuhl [Weiterbildung], S. 63 f., Meiser/Wagner/Zander [Personal], S. 109 ff. und Reiß [Personalführung], S. 186 ff.

5.3.2 Personalentwicklung als personalwirtschaftliche Funktion der Mitarbeiterqualifizierung

a) Was ist Personalentwicklung?

Unter *Personalentwicklung* können alle diejenigen *geplanten* Maßnahmen[115] verstanden werden, „die der individuellen und beruflichen Entwicklung der Mitarbeiter dienen und ihnen unter Beachtung ihrer persönlichen Interessen die zur optimalen Wahrnehmung ihrer jetzigen und künftigen Aufgaben erforderlichen Qualifikationen vermitteln."[116] Dabei ist die Personalentwicklung sowohl auf die Anpassung als auch auf die Erweiterung von Qualifikationen der einzelnen Mitarbeiter gerichtet. Sie umfaßt sowohl unternehmungsinterne und -externe Bildungsmaßnahmen, als auch Fragen der individuellen Laufbahnplanung der Mitarbeiter.[117]

b) Notwendigkeit der Personalentwicklung in schlanken Unternehmungen

Die Mitarbeiterführung in schlanken Unternehmungen hat die Aufgabe, die notwendigen fachlichen und sozialen Qualifikationen aller Mitarbeiter zu aktivieren, zu entwickeln und zu optimieren; und zwar, weil die Unternehmung dadurch ihre Wettbewerbschancen verbessern kann, aber auch, weil die Mitarbeiter ihr Bedürfnis nach einer möglichst umfassenden, sinnvollen und qualifizierten Arbeit befriedigen können.[118] Dabei besteht die Notwendigkeit zur „expliziten Weiterbildung und impliziten Qualifizierung der eigenen Belegschaft"[119] immer dann, wenn die Lücke zwischen Qualifikationsbedarf und verfügbarem Qualifikationspotential nicht durch eine Reduzierung der Qualifikationsanforderungen oder durch die Rekrutierung entsprechend qualifizierter Arbeitskräfte auf dem externen Arbeitsmarkt geschlossen werden kann oder soll.[120]

Da die Förderung der Qualifikationen von Mitarbeitern sowohl Arbeitnehmer- als auch Arbeitgeberinteressen dient, kann die Personalentwicklung auch nur in gemeinsamer Abstimmung zwischen diesen beiden Seiten erfolgen.[121] Dabei gewinnt in schlanken Unternehmungen abermals die Erkenntnis Platz, daß sich die Interessen der Unternehmung und der Mitarbeiter gegenseitig ergänzen können und keineswegs ausschließen müssen.[122]

c) Ziele der Personalentwicklung

Das entscheidende Ziel, weswegen in schlanken Unternehmungen Personalentwicklung betrieben wird, ist eine flexible und schlagkräftige Organisation. Auch wenn immer wieder der individuelle Nutzen für jeden einzelnen Mitarbeiter herausgestellt wird, so darf doch keine Unklarheit darüber bestehen, daß eine schlanke Unternehmung die zum Teil hohen Investitionen in ihr Humankapital in erster Linie unternimmt, um ihre Ziele als wirtschaftende Organisation (besser) verfolgen zu können. Solche Ziele können jedoch nur erreicht werden „durch überragende Kompetenz und Flexibilität, getragen von einer hochmotivierten Mitarbeiterschaft."[123] Das ist die Erkenntnis schlanker Unternehmungen.

Aus unternehmerischer Sicht besteht ein maßgebliches Ziel der Personalentwicklung darin, „die innerbetriebliche Mobilität und vielseitige Einsetzbarkeit der Mitarbeiter zu erhöhen."[124] Ein solcher flexibler Arbeitskräfteeinsatz ist mithin Voraussetzung dafür, daß eine Unternehmung rechtzeitig auf diskontinuierliche Umweltveränderungen reagieren kann. Das Konzept der schlanken Unternehmung ist deshalb darauf angewiesen, daß die Mitarbeiter dazu bereit sind, sich zusätzliche fachliche und soziale Kompetenzen anzueignen, und daß sie ihrem flexiblen Einsatz innerhalb der schlanken Unternehmung offen gegenüberstehen.[125]

Ein ganz spezielles Anliegen der Personalentwicklung in schlanken Unternehmungen ist darüber hinaus, daß alle Beschäftigten das Konzept der schlanken Unternehmung internalisieren; daß also das Bewußtsein für die Überlegenheit des „schlanken" Gedankengutes in der *gesamten* Belegschaft geschärft wird und daß vor allem diejenigen Potentiale aktiviert werden, die in besonderem Maße für diesen

Abb. 5.6:
Ziele der Personalentwicklung in schlanken Unternehmungen

Ziele der Personalentwicklung

Ziele der Unternehmung	*Ziele der Mitarbeiter*
• Sicherung des notwendigen Bestandes an Fach- und Führungskräften	• Anpassung der persönlichen Qualifikationen an die Ansprüche des Arbeitsplatzes
• Entwicklung von Nachwuchskräften	
• Erhaltung, Anpassung und Verbesserung der Qualifikationen der Mitarbeiter	• Sicherung des Arbeitsplatzes und des Einkommens
• Höhere Flexibilität und Anpassungsfähigkeit beim Personaleinsatz	• Ermöglichung einer eignungs- und neigungsgerechten Aufgabenzuweisung
• Aufdecken von Fehlbesetzungen	• persönliche Karriereplanung
• Unabhängigkeit vom externen Arbeitsmarkt	• Selbstverwirklichung am Arbeitsplatz durch Übernahme anspruchsvoller Aufgaben
• Senkung der Fluktuationsrate	
• Steigerung der innerbetrieblichen Kooperation und Kommunikation	• Erschließung und Vervollkommnung bisher ungenutzter persönlicher Fähigkeiten
• Erhöhung der Arbeitszufriedenheit	• Steigerung der individuellen Mobilität (auch auf dem externen Arbeitsmarkt)
• Verbesserung des Leistungsverhaltens der Mitarbeiter	• Übernahme größerer Verantwortung
Verbesserung des Leistungspotentials der Unternehmungsmitglieder und damit auch der Wettbewerbsfähigkeit der Unternehmung	*Verbesserung der Möglichkeiten zur persönlichen Entfaltung bei der Arbeit*

Quellen: In Anlehnung an Berthel [Personal-Management], S. 205 f., Hentze [Grundlagen], S. 319 ff., Heymann/Seiwert [Personalentwicklung], S. 563, Mentzel [Unternehmenssicherung], S. 26 f. und Staehle [Management], S. 805 f.

neuartigen und ganzheitlichen Ansatz der Unternehmungsführung erforderlich sind. Der Mitarbeiterführung im allgemeinen und der Personalentwicklung im speziellen kommt in schlanken Unternehmungen deshalb die Rolle eines *change agent* zu, welcher den Prozeß der Einführung und Realisierung schlanker Unternehmungsführungskonzepte begleitet und aktiv unterstützt.[126]

Über die Ziele, die sowohl die schlanke Unternehmung als auch die darin beschäftigten Mitarbeiter mit der Personalentwicklung verfolgen, gibt abschließend die nachfolgende Abbildung einen stichwortartigen Überblick.

d) Maßnahmen der Personalentwicklung

Die Maßnahmen der Personalentwicklung in schlanken Unternehmungen unterscheiden sich je nach dem, welche Ziele angestrebt werden. Sollen fachliche Qualifikationen vermittelt werden, kommen primär solche Maßnahmen in Betracht, die sich eng an der auszuführenden Arbeit orientieren. Dies sind insbesondere sogenannte „on-the-job"-Maßnahmen, aber auch solche, die begleitend zu der Arbeit stattfinden („near-the-job" beziehungsweise „along-the-job"), und jene, die das Hineinwachsen in einen Arbeitsplatz begünstigen („into-the-job").[127]

Maßnahmen der Personalentwicklung in schlanken Unternehmungen, die unabhängig von der Arbeitsstelle durchgeführt werden („off-the-job"), bleiben vor allem der Vermittlung sozialer Kompetenzen vorbehalten, obwohl auch diese Qualifikationen im Rahmen der auszuführenden Arbeit vermittelt werden können.

Insgesamt verlagert sich der Schwerpunkt der Personalentwicklung näher an die tatsächlich auszuführende Arbeit, nicht zuletzt auch aufgrund finanzieller Restriktionen, vor allem aber aus Gründen der Identifikation und der längerfristigen Anbindung der Mitarbeiter an die Unternehmung.[128]

Allerdings besteht die Gefahr, daß durch Maßnahmen der Personalentwicklung, die sich zu eng an einem spezifischen Arbeitsplatz orientieren, die fachliche Qualifikation der betreffenden Mitarbeiter zwar für eine spezielle Tätigkeit im-

Abb. 5.7:
Maßnahmen der Personalentwicklung in schlanken Unternehmungen

Qualifizierungsmaßnahmen

Maßnahmen „into-the-job"
- berufliche Erstausbildung
- Traineeprogramme
- Einführung neuer Mitarbeiter

Maßnahmen „on-the-job"
- Arbeitsunterweisung
- Erfahrungslernen am Arbeitsplatz
- Einsatz von Mitarbeitern als Assistenten, Stellvertreter oder Einarbeitung als Nachfolger
- Job-Rotation
- qualifikationsfördernde Arbeitsstrukturierung (z. B. Arbeitsgruppen, Projektarbeit, Job-Enlargement, Job-Enrichment)

Maßnahmen „off-the-job"
- betriebliche und überbetriebliche Weiterbildung (z. B. Vorträge, Lehrgänge, Konferenzen, Seminare, Fallstudien, Planspiele, Rollenspiele)
- Erfahrungsaustausch
- Selbsterfahrungsgruppen
- gruppendynamische Trainings
- Beratungs-, Beurteilungs- und Einzelgespräche mit Psychologen und/oder Psychotherapeuten
- Selbststudium

Maßnahmen „near-the-job"
- Lerninseln
- Qualitätszirkel

Quellen: In Anlehnung an Berthel [Personal-Management], S. 246 ff., Heeg/Münch [Handbuch], S. 357 ff., Heymann/Seiwert [Personalentwicklung], S. 569 ff, Kuhnle [Unternehmen], S. 207 f. sowie Marr/Stitzel [Personalwirtschaft], S. 340 ff.

mer detaillierter, die für schlanke Unternehmungen aber so wichtigen bereichsübergreifenden und sozialen Kompetenzen gleichzeitig immer enger werden.

Deshalb wird in schlanken Unternehmungen viel Wert darauf gelegt, daß Mitarbeiter an unterschiedlichen Arbeitsplätzen eingesetzt werden, zumindest innerhalb der entsprechenden Gruppe, in welcher der Mitarbeiter beschäftigt ist, gegebenenfalls aber auch über Gruppen- und Fachgrenzen hinweg. Diese sogenannte *job-rotation*[129] hat den Vorteil, daß Mehrfachqualifikationen aktiviert, Kooperationsbereitschaft erhalten, lebenslanges Lernen gefördert sowie ganzheitliches Denken und Handeln unterstützt werden.[130]

Durch einen solchen systematischen und geplanten Tätigkeitswechsel der einzelnen Mitarbeiter wird letztlich ein aktiver Beitrag zur Erhaltung der Flexibilität der Mitarbeiter und der Unternehmung insgesamt geleistet.[131]

5.3.3 Förderung des Lernens in einer schlanken Unternehmung

a) Notwendigkeit permanenten Lernens

Alle Maßnahmen der Personalentwicklung sind von vornherein zum Scheitern verurteilt, wenn die Mitarbeiter nicht bereit sind, sich neue Qualifikationen anzueignen. Permanentes Lernen wird deshalb zu einer wichtigen Voraussetzung für das Überleben von schlanken Unternehmungen. Dies wird vor allem dann deutlich, wenn man sich bewußt macht, daß eine vorausschauende Qualifizierung in Zeiten zunehmend turbulenter Umwelt- und Marktentwicklungen nur noch in immer geringerem Umfang möglich sein wird. Die Begründung dafür liegt darin, daß eine reine Verhaltensanpassung an zum Teil völlig neuartige Umweltbedingungen nicht mehr ausreicht, um am Markt erfolgreich bestehen zu können. Statt dessen ist es in solchen Situationen notwendig, zukünftige Entwicklungen zu antizipieren, um nicht ständig von äußeren Veränderungen überrascht zu werden.

Nur so kann eine schlanke Unternehmung auch in einem diskontinuierlichen Umfeld selbst agieren und nur so wird sie nicht immer nur zum Reagieren gezwungen.

Sollen die Mitarbeiter schlanker Unternehmungen in einer sich diskontinuierlich entwickelnden Umwelt dennoch flexibel und qualifiziert handeln können, so kann auf das individuelle Lernvermögen als Schlüsselqualifikation nicht mehr verzichtet werden. Das Lernvermögen löst damit das abrufbare Leistungsvermögen (im Sinne von Wissen und Können) als herausragende Eigenschaft eines Mitarbeiters immer mehr ab.[132] Lernen kann dabei in unterschiedlichen Formen erfolgen; und zwar als Lernen aus Erfahrung, als Verinnerlichung neuen Wissens sowie als Generierung neuen Wissens durch Lernprozesse.[133]

Lernen wird dabei nicht mehr in traditionellem Sinne als „Veränderung im Verhalten oder im Verhaltenspotential eines Organismus hinsichtlich einer bestimmten Situation, die auf wiederholte Erfahrungen des Organismus in dieser Situation zurückgeht",[134] verstanden, eben weil gleiche (oder wenigstens vergleichbare) Situationen immer seltener werden. Statt dessen soll Lernen definiert werden als die Fähigkeit, Probleme zu lösen.

Ein *Problem* kann als ein Zustand definiert werden, in dem ein Organismus ein bestimmtes Ziel erreichen will, aber aufgrund seiner vorhandenen Qualifikationen nicht unmittelbar weiß, wie er dies bewerkstelligen soll.[135] Mit solchen Problemen dürften regelmäßig Mitarbeiter in schlanken Unternehmungen konfrontiert werden, die in komplexen, vernetzten und dynamischen (Umwelt-) Situationen agieren.

Um derartige Probleme lösen zu können, bedarf es bestimmter heuristischer Denkmethoden und -strategien. Unter Zugrundelegung der Technik ganzheitlichen Denkens werden darunter vor allem strukturierte und situationsangepaßte Vorgehensweisen verstanden.[136] Letzten Endes ist Lernen in der Form des Problemlösens nichts anderes, als das Lernen des Lernens, eine Form also, in der Lernkontexte reflektiert, Lernverhalten, Lernerfolge und -mißerfolge thematisiert werden,[137] was zu einer Verbesserung der Lernfähigkeit und der Lernbereitschaft eines Organismus insgesamt führen kann.[138]

Die Fähigkeit des Lernens bedeutet in diesem Zusammenhang also, daß sowohl einzelne Mitarbeiter als auch ganze Organisationen auf neuartige Problemstellungen richtig reagieren können, ohne daß die für die Bewältigung einer entsprechenden Situation erforderlichen spezifischen Kenntnisse und Fähigkeiten zuvor explizit vermittelt worden wären.[139]

Es ist demnach „ein Überlebensgesetz, daß eine Organisation schneller lernen muß, als sich das Umfeld verändert."[140] Zählt man die Wettbewerber einer schlanken Unternehmung mit zu deren Umfeld, so wird deutlich, daß letztlich die Lernfähigkeit und -bereitschaft der Organisation und ihrer Mitglieder zu dem entscheidenden Wettbewerbsvorteil gegenüber Konkurrenten in einer diskontinuierlichen Umwelt wird.[141]

b) Individuelles vs. organisationales Lernen

Unter einem lernenden Organismus kann sowohl ein Individuum als auch eine Organisation verstanden werden.[142] Jedoch ist das Lernen eines Individuums (hier also eines Mitarbeiters in einer Unternehmung) und das einer Organisation nicht gleichzusetzen. Der grundsätzliche Unterschied besteht in der jeweils zugrundegelegten Wissensbasis: Im Gegensatz zur individuellen ist unter einer organisationalen (oder auch: kollektiven) Wissensbasis das Wissen zu verstehen, das für die Mitglieder einer Organisation prinzipiell zugänglich ist.[143] Nun reicht nicht das bloße Vorhandensein unterschiedlichen individuellen Wissens dazu aus, daß dieses Wissen auch automatisch in seiner Summe zu organisationalem Wissen wird. Individuelles Wissen kann nur unter zwei Voraussetzungen in organisationales Wissen transferiert werden: Nämlich wenn erstens das implizit in den Köpfen der Mitarbeiter vorhandene Wissen explizit für alle Organisationsmitglieder zugänglich gemacht werden kann und wenn sich zweitens unter den Mitarbeitern ein Konsens darüber erzielen läßt, daß die gemeinsam geteilte Wissensbasis für die unternehmungsrelevante Wirklichkeit auch tatsächlich gültig und von Nutzen ist.[144]

Organisationales Wissen kann demnach von individuellem Wissen abweichen. Es ist sowohl denkbar, daß Teile des individuell vorhandenen Wissens nicht für alle Organisationsmitglieder konsensfähig sind und somit die kollektive Wissensbasis kleiner ist als die Summe allen individuellen Wissens in einer Organisation. Andererseits kann aber auch eine Organisation selbst Wissen generieren, das über das Wissen der einzelnen Organisationsmitglieder hinausgeht.[145]

Während *individuelles Lernen* mit jedem Erwerb von zusätzlichem Wissen durch eine einzelne Person gleichgesetzt werden kann, läßt sich *organisationales Lernen* definieren als ein „Prozeß, in dem das Wissen um spezifische Wirkungsweisen und -zusammenhänge entwickelt, in der organisatorischen Wissensbasis verankert und für zukünftige Problemlösungserfordernisse hin organisiert"[146], also für die Erfordernisse der Organisation modifiziert und damit nutzbar gemacht wird.[147]

Obwohl die Lernfähigkeit von Organisationen auch von den organisatorischen Verknüpfungen und damit von den intraorganisationalen Prozessen der Willensbildung und -weitergabe abhängig ist[148], sind es doch in erster Linie die einzelnen Mitarbeiter, die die Lernleistung einer Organisation mit ihren geistigen Kapazitäten prägen.[149] Demzufolge kann individuelles Lernen als Voraussetzung für organisationales Lernen angesehen werden.[150]

Eine der wesentlichsten Voraussetzungen dafür, daß eine Organisation in einer sich diskontinuierlich entwickelnden Umwelt flexibel reagieren und damit wirtschaftlich überleben kann, ist die Fähigkeit und Bereitschaft sowohl zu individuellem als auch zu organisationalem Lernen. Faßt man individuelles Lernen als Voraussetzung für organisationales Lernen auf, wie dies hier geschehen ist, so kann man auch die individuelle Lernfähigkeit und -bereitschaft jedes einzelne Organisationsmitgliedes als Voraussetzung dafür ansehen, daß die Organisation insgesamt ihre kollektiv geteilte Wissensbasis erweitern und an Handlungsflexibilität gewinnen kann.[151]

c) Maßnahmen zur Förderung der Lernfähigkeit

Somit kommt der Führung schlanker Unternehmungen die wichtige Aufgabe zu, die Lernbereitschaft und Lernfähigkeit der einzelnen Mitarbeiter zu fördern und darüber hinaus solche organisatorischen Rahmenbedingungen zu schaffen, in denen individuelles Wissen leicht in kollektives, also organisationales Wissen transferiert werden kann (et vice versa).[152] Als konkrete Maßnahmen zur Förderung der Lernfähigkeit und -bereitschaft von Individuen und Organisationen kommen in Frage:[153]

- Bewußte Förderung und Unterstützung der internen Kommunikation und einer unternehmungsweiten Offenheit. Dadurch wird es möglich, daß sich die Mitglieder einer Unternehmung frei über Fehler und Unsicherheiten austauschen können.
- Förderung der Wahrnehmungs- und Meinungsvielfalt in der Unternehmung. Dadurch wird die analytische Problemerkenntnis und kreative Problemlösung gefördert.
- Zulassung und Förderung eines bewußten Experimentierverhaltens innerhalb der Unternehmung. Dadurch können verschiedene Problemlösungen durchgespielt und die beste Alternative ausgewählt werden.
- Verstärkter Einsatz gruppenorientierter Arbeitsformen. Dadurch und durch eine gesteigerte Aufgabenfülle können sich die einzelnen Mitglieder entsprechender Teams oder Gruppen an ihrem Arbeitsplatz praxisnah neue Qualifikationen aneignen.

Darüber hinaus ist es wichtig, daß den Mitarbeitern in einer schlanken Unternehmung in ausreichendem Maße die Möglichkeit zu formeller, vor allem aber auch informeller Kommunikation gegeben wird, um vielfältige Rückkoppelungsprozesse und einen intensiven Gedankenaustausch anzuregen. So kann die Unternehmung insgesamt aus Erfahrung lernen, aber auch neues Wissen generieren.[154]

5.4 Leistungsunterstützende Anreizsysteme

5.4.1 Anreiz-Beitrags-Theorie

Schlanke Unternehmungen streben die konsequente Vermeidung jeglicher Verschwendung an. Dazu gehört auch, daß die Mitarbeiter effizient eingesetzt werden, so daß diese eine möglichst optimale Leistung erbringen. Unter einem effizienten Mitarbeitereinsatz versteht man in schlanken Unternehmungen aber nicht, daß die Beschäftigten so weit wie möglich ausgebeutet werden sollen. Vielmehr sind ganz bestimmte Mitarbeiterqualifikationen erwünscht, die zu besseren Arbeitsergebnissen führen können; und es sind auch ganz bestimmte Verhaltensweisen, die von einem Mitarbeiter in schlanken Unternehmungen erwartet werden, um die wirtschaftliche Leistungsfähigkeit der Organisation zu erhalten beziehungsweise zu optimieren. Anreizsysteme haben nun die Aufgabe, die Wettbewerbsfähigkeit durch das Erbringen eines optimalen individuellen Leistungsbeitrages aller Mitarbeiter zu unterstützen.

Die theoretische Grundlage für die Wirksamkeit von Anreizen auf das Leistungsverhalten von Mitarbeitern ist die sogenannte *Anreiz-Beitrags-Theorie*, die auf CHESTER I. BARNARD[155] sowie auf JAMES G. MARCH und HERBERT A. SIMON[156] zurückgeht. Danach besteht eine Organisation aus einem offenen System von Handlungen verschiedener Teilnehmer, „die koordinierte Beiträge zum Organisationsbestand leisten und dafür Gegenleistungen erhalten."[157]

In einer Organisation finden sich also verschiedene Teilnehmer zu einer Art Koalition zusammen.[158] Zu den Koalitionsteilnehmern gehören grundsätzlich alle an der Organisation partizipierenden Individuen und Interessengruppen; also beispielsweise Mitarbeiter, Kapitalgeber, Gläubiger oder Kunden. Eine solche Koalition ist jederzeit offen für neue Teilnehmer, die die Einstellungen der anderen Koalitionsmitglieder teilen; auch ist jederzeit das Ausscheiden von Teilnehmern aus der Koalition möglich, wenn sie für einen längeren Verbleib in der Organisation keine Veranlassung mehr sehen.[159]

Die Anreiz-Beitrags-Theorie versucht nun, eine verhaltenswissenschaftliche Begründung dafür zu liefern, warum einzelne Menschen einer Organisation beitreten, dort verbleiben und Leistung erbringen. Es wird unterstellt, daß sich Individuen insofern rational verhalten, als daß sie stets zwischen der Leistung, die sie erbringen, und dem Ausgleich, den sie dafür erhalten, abwägen.[160] Von dieser Abwägung hängt die Entscheidung ab, ob ein Teilnehmer die Koalition verläßt oder weiterhin in ihr verbleibt.[161] Der kritische Punkt, an dem ein Teilnehmer bezüglich des Verbleibes in der Koalition indifferent ist, bezeichnet das sogenannte organisationale Gleichgewicht. Es reflektiert den Erfolg einer Organisation, Ausgleichszahlungen für die Leistungen ihrer Teilnehmer so zu gestalten, daß diese ihr Engagement gerade noch aufrecht erhalten.[162]

Reduziert man die Koalition einer Organisation auf die in ihr beschäftigten Menschen, so können die beiden Kategorien „Leistungen" und „Zahlungen" näher spezifiziert werden. Unter Leistungen versteht man in diesem speziellen Falle Beiträge zur Leistungserstellung beziehungsweise zur Wertschöpfung einer wirtschaftenden Organisation seitens der Mitarbeiter, während unter Zahlungen hier Anreize zur Leistungserstellung verstanden werden können, die die Organisation ihren Mitarbeitern bietet.[163]

Die Frage, die sich mit der Gestaltung von Anreizsystemen in einer schlanken Unternehmung verbindet, ist somit diejenige, wie die Mitarbeiter einer solchen Organisation dazu veranlaßt werden können, in die Unternehmung einzutreten, in ihr zu verbleiben und einen möglichst optimalen Beitrag zur (kollektiven) Leistungserstellung zu erbringen. Die adäquate Gestaltung von Arbeitsbedingungen sowie von Belohnungs- und Bestrafungssystemen, welche die Mitarbeiter zu einem hohen Maß an Leistungsbereitschaft motivieren kann, ist somit eines der wichtigsten Aufgabenfelder der Mitarbeiterführung in schlanken Unternehmungen.[164] Die Bedeutung, die die Gestaltung von Anreizsystemen für den Erfolg einer Unternehmung hat, kann man daran ermessen, daß Leistung zwar von dem Willen des Mitarbeiters zum Verbleib in der Unternehmung und von dessen Eignung (als Ausdruck für die den Anforderungen des Arbeitsplatzes entsprechenden Kenntnisse und Fähigkeiten) abhängig ist, daß ein tatsächlicher Leistungsbeitrag aber „erst durch die Motivation in einem geistig-psychischen Prozeß aktiviert werden kann."[165]

5.4.2 Gestaltung von Anreizsystemen in schlanken Unternehmungen

a) Anreizsysteme

Von *Anreizsystemen* spricht man, „wenn mehrere Anreize geboten und so aufeinander abgestimmt werden, daß sie im Wirkungsverbund erwünschte Verhaltensweisen auslösen und unerwünschte Verhaltensweisen unterdrücken oder zurückdrängen."[166] Anreizsysteme bestehen aus einer Kombination von bestimmten normierten und standardisierten Anreizen, zwischen denen gegebenenfalls Wahlmöglichkeiten existieren.[167]

Anreize können zum einen als Gegenleistung für erbrachte oder zu erbringende Leistungsbeiträge angesehen werden (so wie dies in der Anreiz-Beitrags-Theorie zum Ausdruck kommt). Aus motivationstheoretischer Sicht kann man unter Anreizen aber auch situative Bedingungen verstehen, die aufgrund einer gegebenen Motivationsstruktur eines Individuums einen Aufforderungscharakter (Valenz) für diese

Person beinhalten und die dadurch zu Handlungsweisen führen können, die zur individuellen Bedürfnisbefriedigung beitragen.[168]

Anreizsysteme können überhaupt erst Wirkungen entfalten, weil sie Bedürfnisse oder Motive von Individuen ansprechen. Die Wirkungen, die ein Anreizsystem auf die Leistungsmotivation der Mitarbeiter einer Organisation ausüben, sind demnach sehr stark abhängig von der individuellen Motivationsstruktur der Individuen. Für die Gestaltung eines Anreizsystemes ist es deshalb wichtig, die kognitiven und motivationalen Strukturen der einzelnen Mitarbeiter zu berücksichtigen.[169]

Abb. 5.8:
Wirkungsweise eines Anreizsystems auf das Leistungsverhalten von Mitarbeitern

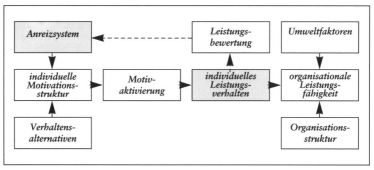

Quellen: Modifiziert nach Schanz [Grundlagen], S. 28
sowie in Anlehnung an Kupsch/Marr [Personalwirtschaft], S. 751.

Weiter oben wurde bereits darauf hingewiesen, daß einer von außen kommenden Mitarbeitermotivation enge Grenzen auferlegt sind.[170] Der Grund dafür besteht darin, daß die Entscheidung eines jeden Mitarbeiters über ein Verhalten, das die Organisation als rollenkonform bezeichnen würde (also das Erbringen eines möglichst optimalen Leistungsbeitrages durch den Mitarbeiter), sowohl von unterschiedlichen individuellen Zielsetzungen als auch von der

Art, der Menge und den Konsequenzen wahrgenommener Verhaltensalternativen abhängig ist. Auf diese individuellen Entscheidungsparameter nimmt das Anreizsystem einer Unternehmung nur in beschränktem Umfang Einfluß.[171] Innerhalb der gegebenen Grenzen kann ein entsprechend gestaltetes Anreizsystem dennoch dazu beitragen, die Motivation der Mitarbeiter zu erhöhen.

Anreizsysteme sind aufgrund ihrer vielfältigen Elemente nicht nur dazu in der Lage, die Leistungsmotivation von Mitarbeitern insgesamt zu aktivieren. Vielmehr können einzelne Anreize zur Förderung ganz spezieller, individueller Handlungsweisen der Mitarbeiter eingesetzt werden.

Eine Unternehmung muß deshalb im voraus wissen, welche Verhaltensweisen sie von ihren Mitarbeitern fordert, will sie ein wirkungsvolles Anreizsystem gestalten, das (im Rahmen der gegebenen Wirkungsgrenzen) die gewünschten Verhaltensweisen auslöst oder begünstigt. Darüber hinaus ist es für die Akzeptanz eines Anreizsystems von großer Bedeutung, daß den Mitarbeitern klar ist, wofür ein Anreiz gewährt wird.[172]

Gerade in den von den Mitarbeitern geforderten Qualifikationen und Verhaltensweisen, aber auch in den Bedürfnissen und Werthaltungen der Mitarbeiter, unterscheiden sich nun aber schlanke Unternehmungen von traditionellen, tayloristisch geprägten Massenproduzenten.

Anreizsysteme in schlanken Unternehmungen müssen sich deshalb stärker daran orientieren, daß in diskontinuierlichen Umweltsituationen Flexibilität, Kostenbewußtsein und Schnelligkeit über den Erfolg einer Unternehmung entscheidet und daß die Mitarbeiter nach Selbstentfaltung in einer sinnvollen Arbeit streben. Die Anforderungen, die schlanke Unternehmungen an ihre Mitarbeiter stellen, sind deshalb insbesondere:[173]

- Eine hohe Anpassungs- und Lernbereitschaft,
- ein ausgeprägtes ganzheitliches Denkvermögen,
- gut ausgebildete soziale Fähigkeiten (insbesondere Kooperations- und Teamfähigkeit),
- ein hohes Maß an Innovationsfreude,
- Kreativität bei der Problemlösung sowie
- eine überragende Flexibilität.

Aber nicht nur die von den Mitarbeitern zu erbringenden Beiträge haben sich gewandelt. Auch die Art der Anreize, die Mitarbeiter in schlanken Unternehmungen zu herausragenden Leistungen veranlaßt, hat sich im Zuge des Wertewandels verschoben.[174] So spielen heute vor allem

- ein hohes Maß an Eigenverantwortung,
- vermehrte Zeitsouveränität,
- herausfordernde Arbeitsinhalte sowie
- mögliche berufliche Entwicklungsperspektiven

eine zunehmend wichtiger werdende Rolle für die Mitarbeitermotivation.[175]

Im Vergleich zu Anreizsystemen tayloristischer Massenproduzenten, die vorwiegend „einseitig auf die Erfüllung von routinemäßigen Abwicklungsaufgaben ausgelegt sind",[176] ist in schlanken Unternehmungen ein erkennbar anders gestaltetes Anreizsystem erforderlich, um die oben genannten Qualifikationen und Verhaltensweisen der Mitarbeiter zu aktivieren und zu fördern. Die besondere Kunst der Gestaltung wirkungsvoller Anreizsysteme besteht darin, die organisationalen Interessen mit den Motiven und Bedürfnissen der Organisationsteilnehmer zu verbinden.[177]

Die Gestaltung von Anreizsystemen in schlanken Unternehmungen bewegt sich in einem zweifachen Spannungsfeld zwischen ausschließlich an Gruppenleistungen orientierten und nur auf die Entfaltung individueller Leistungsfähigkeit gerichteten Anreizen einerseits sowie zwischen hochgradig standardisierten und breit differenzierten Anreizen andererseits.

Kollektivistisch orientierte, jedoch weitgehend standardisierte Anreizsysteme werden heute vor allem in der Gruppen- und Teamarbeit im Rahmen der Automobilindustrie angewandt, so beispielsweise als sogenanntes „Lodi-Modell" bei der VOLKSWAGEN AG. Hierbei sind alle Mitglieder einer Arbeitsgruppe in dieselbe Lohngruppe eingeordnet und erhalten unabhängig von den jeweiligen Leistungsanforderungen und auch unabhängig von ihren tatsächlich erbrachten Leistungen einen jeweils vergleichbaren Lohn. Ziel dieser Entlohnungsformen ist die Steigerung der *Gruppenleistung* aller Mitarbeiter.

Individualistisch orientierte Anreizsysteme mit einem sehr stark differenzierten Anreizmix, bei dem der einzelne Mitarbeiter für seine individuelle Lohngestaltung zusätzlich zu einem festen Grundlohn aus einer Vielzahl vorgegebener Alternativen zwischen materiellen und immateriellen sowie zwischen sozialen und übertariflichen Leistungen auswählen kann, findet man in sogenannten *„Cafeteria-Modellen"*. Die zunehmende Pluralisierung der sich von Person zu Person zum Teil deutlich differierenden Wertemuster hat zur Folge, daß nicht mehr alle Mitarbeiter durch dieselben Anreize aktiviert werden. Dieser Tatsache wird durch eine weitreichende individuelle Gestaltungsmöglichkeit der einzelnen Komponenten des Anreizsystems Rechnung getragen. Das Ziel der Cafeteria-Modelle ist somit eine Steigerung der *Einzelleistungen* der Mitarbeiter.

Um dem Ziel gerecht zu werden, möglichst das gesamte Leistungspotential aller Mitarbeiter zu aktivieren und in den Dienst der schlanken Unternehmung zu stellen, sind Anreizsysteme erforderlich, die sowohl die kollektive als auch die individuelle Leistungsbereitschaft fördern. Anreizsysteme in schlanken Unternehmungen sollten aufgrund der starken Betonung gruppenorientierter Arbeitsformen deshalb zwar in besonderem Maße auf die Steigerung der Leistungsmotivation in Gruppen gerichtet sein. Anreize sind deshalb vorwiegend für *kollektivistische Leistungsbeiträge* zu gewähren. Wird aber das Anreizsystem zu einseitig auf derartige an Gruppenleistungen orientierte Beiträge ausgerichtet, so besteht die Gefahr, daß die individuelle Leistungsmotivation nicht mehr ausreichend aktiviert und dadurch die Leistungsbereitschaft der einzelnen Mitarbeiter nivelliert wird. Deswegen ist auch eine *Differenzierung* der möglichen Leistungsanreize notwendig, um neben der kollektiven auch die individuelle Leistungsfähigkeit zu fördern.

Abb. 5.9:
Leistungsfördernde Anreizsysteme in schlanken Unternehmungen

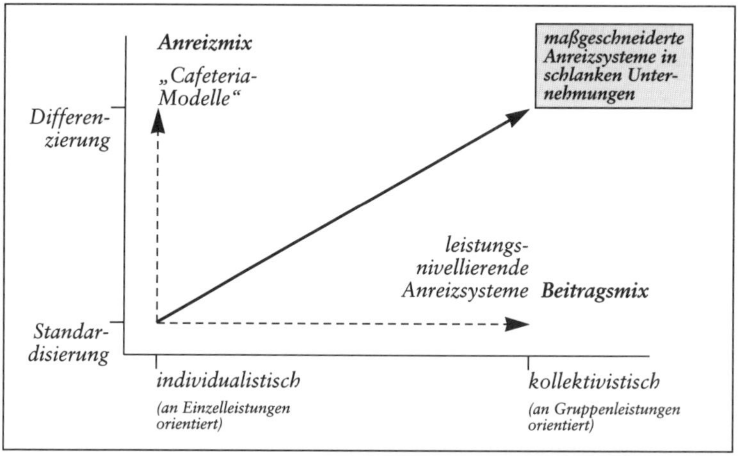

Quelle: Modifiziert nach Reiß [Schlanke Produktion], S. 460.

b) Arten von Leistungsanreizen

Leistungsanreize können auf verschiedene Weisen gegliedert werden. Am weitesten verbreitet hat sich die Unterscheidung in materielle und immaterielle Anreize.[178] Diese Differenzierung wird auch der vorliegenden Arbeit zugrundegelegt, und zwar vor allem deshalb, weil sich damit eine relativ strikte Trennung in die Gestaltung der Arbeitsbedingungen, also den Voraussetzungen des Erbringens von Leistungsbeiträgen (immaterielle Anreize), und in die Vergütung der geleisteten Arbeit im weitesten Sinne, also Gegenleistungen für erbrachte Leistungsbeiträge (materielle Anreize) ermöglicht wird. Gleichwohl läßt sich gerade bei solchen Anreizen, die ein rollenkonformes Verhalten speziell

Abb. 5.10:
Materielle und immaterielle Leistungsanreize

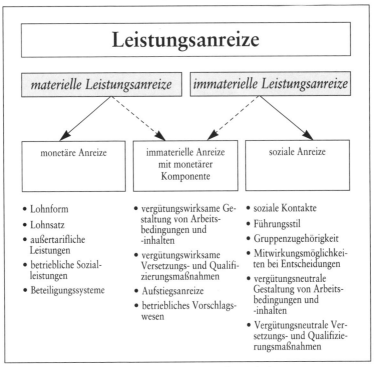

Quellen: In Anlehnung an Kupsch/Marr [Personalwirtschaft], S. 815 sowie an Drumm [Personalwirtschaftslehre], S. 396 f.

in schlanken Unternehmungen fördern sollen, diese Trennung nicht immer sauber aufrechterhalten (immaterielle Anreize mit monetärer Komponente).

c) Gestaltungsmöglichkeiten materieller Anreize

Die Bedeutung materieller Anreize geht im Zuge der sich wandelnden und gewandelten Wertvorstellungen der Mitarbeiter in schlanken Unternehmungen kontinuierlich zurück. Materielle Anreize dienen vor allem zur Vermeidung von Unzufriedenheit.[179] Insofern sind bis zu einem bestimmten Grad materielle Anreize zwar Voraussetzung dafür, daß Leistung erbracht wird; allein mit monetären Mitteln kann aber nicht dauerhaft ein hohes Leistungsniveau aufrechterhalten oder gar noch gesteigert werden.[180]

Neben der Bedeutung, die materiellen Anreizen für die Leistungsmotivation der Mitarbeiter beigemessen wird, unterscheiden sich schlanke Unternehmungen von Betrieben der traditionellen, tayloristisch geprägten Massenproduktion noch in einem weiteren Punkt, was die Aufgaben materieller Anreize innerhalb eines Anreizsystems angeht: Statt individueller, spezialisierter und routinisierter Leistungsbeiträge sollen nämlich solche Leistungsbeiträge und Qualifikationen gefördert werden, die in schlanken Unternehmungen besonders erwünscht sind, also kollektiv orientierte, qualitativ hochwertige, flexible, innovative, kreative sowie kundenorientierte Problemlösungsbeiträge. Dies macht eine Entlohnung erforderlich, die von herkömmlichen Entgeltsystemen, die überwiegend leistungsorientiert geprägt sind, abrückt. Anhaltspunkte für die Gestaltung materieller Anreize in schlanken Unternehmungen können deshalb sein:

- Stärkere Betonung flexibler Einkommensbestandteile; also etwa höhere Prämienanteile an der Entlohnung, die

vor allem für Gruppenleistungen, für Qualität und für die
Vermeidung von Verschwendung gewährt werden.[181]
- Nennenswerte Teile der materiellen Anreize dürfen nicht
  auf Einzelleistungen beruhen, vielmehr ist bei leistungsbe-
  zogenen Entlohnungsformen stärker die Gruppe oder die
  gesamte Unternehmung als Berechnungsbasis zu wählen.[182]
  Das bedeutet auch, daß sich das persönliche Entgelt möglicherweise nur noch zu einem kleineren Teil aus einem
  individuellen bestimmbaren Gehalt und zu einem bedeu-
  tenderen Anteil aus Erfolgsbeteiligungen zusammensetzen
  kann.[183]
- Trotz einer umfassenderen Ausrichtung der Entlohnung
  an kollektiven (Leistungs-) Elementen sind auch bei materiellen Anreizen in ausreichendem Maße individuelle Aus-
  wahlmöglichkeiten zu berücksichtigen.[184]
- Es sind in stärkerem Umfang prozeß- und potential- statt
  ergebnisorientierter Berechnungskriterien zugrunde zu legen; das heißt, daß ein hohes Maß an Lernbereitschaft,
  der Erwerb zusätzlicher Qualifikationen, Verbesserungs-
  vorschläge und ähnliches mehr in die Entgeltfindung mit-
  einzubeziehen sind.[185]

d) Gestaltungsmöglichkeiten immaterieller Anreize

Im Gegensatz zu den materiellen haben viele immaterielle
Anreize die Eigenschaft, daß sie zur Arbeitszufriedenheit
beitragen und Leistungsmotivation bewirken können. Aus
diesem Grund wird ihnen in Anreizsystemen schlanker Unternehmungen ein besonderes Augenmerk zuteil. Immaterielle Anreize sind also vor allem auf die Befriedigung der
Selbstverwirklichungsbedürfnisse von Mitarbeitern gerichtet; das heißt, daß insbesondere die ganzheitliche, sinnvolle
Gestaltung der Arbeitsaufgabe in den Vordergrund immaterieller Anreizsysteme gerückt wird. Das Ziel ist, damit die
Identifikation der Mitarbeiter mit ihrer Arbeit und mit der
Unternehmung, in der sie arbeiten, zu fördern. Konkrete,

immaterielle Elemente von Anreizsystemen in schlanken Unternehmungen, sind:[186]

- Konsequente Mitarbeiterorientierung des Führungsstils; also vor allem Delegieren von Entscheidungen und Verantwortung, gemeinsame Vereinbarung von Zielen sowie umfangreiche Mitarbeiterinformation.
- Förderung gruppenorientierter Arbeitsformen und zwischenmenschlicher Kontakte während der Arbeit.
- Umfangreiche Förderung der Mitarbeiterqualifizierung; denn Maßnahmen der Personalentwicklung haben neben einer qualifizierenden auch eine motivierende Komponente.
- Abflachen zu steiler Hierarchien.
- Möglichkeit zur flexiblen Gestaltung der Arbeitszeit für die Mitarbeiter.

Immaterielle Anreize entfalten in schlanken Unternehmungen eine doppelt positive Wirkung: Zum einen können die Mitarbeiter ihr Bedürfnis nach Selbstverwirklichung befriedigen. Dadurch ist es möglich, daß sie von sich aus höher motiviert sind und dadurch einen verbesserten Beitrag zur Leistungsfähigkeit der Unternehmung leisten. Zum anderen ist es möglich, durch die Verlagerung des Schwerpunktes von Anreizsystemen hin zu immateriellen Anreizen Kosten einzusparen.[187] Durch die Kombination aus gesteigerten Leistungsbeiträgen der Mitarbeiter und einer geringeren Kostenbelastung kann also die Leistungsfähigkeit einer schlanken Unternehmung doppelt profitieren. Neben einer überragenden Flexibilität ist diese verbesserte Wirtschaftlichkeit ein weiteres entscheidendes Kriterium für das erfolgreiche Bestehen schlanker Unternehmungen in einer sich diskontinuierlich entwickelnden Umwelt.[188]

6 Ausblick: Umdenken im Management tut not!

Schlanke Unternehmungen orientieren sich an den beiden Grundpostulaten der Vermeidung von Verschwendung jedweder Art und der konsequenten Mitarbeiterorientierung. Das Verfolgen dieser beiden Leitlinien bewirkt eine Optimierung des Wertschöpfungsprozesses in der schlanken Unternehmung, und zwar sowohl auf der Aufwands- als auch auf der Ertragsseite. Daß zu einer derartigen Verbesserung der wirtschaftlichen Leistungsfähigkeit hervorragend ausgebildete, hochmotivierte und flexibel einsetzbare Mitarbeiter erforderlich sind, erkennen schlanke Unternehmungen an. Aus diesem Grund ist die Führung schlanker Unternehmungen aufgefordert, solche Arbeitsbedingungen zu schaffen, in denen die Mitarbeiter ihr ganzes Potential entfalten können. Schlanke Unternehmungen tragen somit (auf indirekte Weise) auch zu einer Humanisierung der Arbeit bei.

Nach wie vor sind in vielen westlichen Unternehmungen, vor allem in traditionellen Großkonzernen, noch immer Denk- und Handlungsweisen anzutreffen, die *beiden* der oben genannten Grundpostulaten schlanker Unternehmungen zuwider laufen. (Mit-) Arbeiter werden noch wie zu Beginn unseres Jahrhunderts als maschinenähnliche Einsatzfaktoren angesehen, so daß im Prozeß der Wertschöpfung lediglich deren Arbeitskraft, nicht aber deren Intelligenz gefragt ist.

Von einer wirklichen Mitarbeiterorientierung kann in diesen Unternehmungen deshalb kaum die Rede sein. Über den Grad der Wirtschaftlichkeit solcher der traditionellen tayloristisch geprägten Massenfertigung verhafteten Unternehmungen gibt die Abbildung 2.1 auf Seite 22 in hinreichend deutlichem Maße Auskunft – und damit auch über die mangelnde Einsicht und Fähigkeit dieser Unternehmungen, konsequent Verschwendungen im Wertschöpfungsprozeß zu vermeiden.

Um insgesamt wettbewerbsfähiger zu werden, sind in schlanken Unternehmungen deshalb veränderte Einstellungen zu Arbeit, Organisation und Mitarbeitern erforderlich, die sich in (fast) allen Bereichen von dem tayloristischen Verständnis der weitgehenden Arbeitsteilung, der hochgradigen Spezialisierung und dem der Unternehmungsführung zugrundegelegten mechanistischen Menschenbild unterscheiden. Diese neuartigen Denk- und Handlungsweisen müssen und werden sich in einer *schlanken Unternehmungskultur* niederschlagen, die gleichsam einen Handlungsrahmen für alle Aktivitäten in einer schlanken Unternehmung bildet, weil sie von *allen* Beschäftigten akzeptiert wird, weil sie also das gemeinsame Wertesystem der Manager *und* der Angestellten beinhaltet.[1]

Vor allem in solchen Unternehmungskulturen, die sich ja besonders durch *vergangenheitsgeprägte* Tradition und Gegenwart auszeichnen, ist in Unternehmungen in den USA und in Europa noch immer eine überwiegend tayloristische Prägung anzutreffen, was letztlich der entscheidende Grund für verschiedentlich diskutierte Schwierigkeiten bei der Einführung schlanken Gedankengutes in Unternehmungen der westlichen Hemisphäre sein dürfte.

Erste praktische Erfahrungen unterstreichen diese Einschätzung; und so verwundert es auch nicht, daß Betriebe, die bereits mit Erfolg in umfassender Weise nach schlanken Gesichtspunkten gestaltet worden sind, allesamt „auf der grünen Wiese" neu entstanden sind. Beispiele für derartige Produktionsstätten sind das Automobilwerk der ADAM OPEL AG in Eisenach (Thüringen), in dem seit Herbst 1992 mit einigem Erfolg das sogenannte Opel-Produktionssystem zur Anwendung kommt,[2] sowie als Paradebeispiel auf europäischem Boden das NISSAN-Werk in Sunderland (England).³ Außerhalb Europas kann schon seit Dezember 1984 das Joint-Venture von GENERAL MOTORS und TOYOTA, die NEW UNITED MOTOR MANUFACTURING INC. (NUMMI) in Fremont, CA. (USA), beträchtliche Erfolge mit einer durchgehend schlanken Gestaltung vorweisen.⁴

Konkretere, auch exakt quantifizierbare praktische Erfahrungen mit der schlanken Unternehmungsgestaltung im allgemeinen und mit Maßnahmen der Mitarbeiterführung in schlanken Unternehmungen im besonderen liegen meines Wissens nach bisher nicht oder zumindest nicht in ausreichender Qualität vor, was wohl vor allem auch an den erheblichen meßtheoretischen Problemen solcher Kategorien wie den Einstellungen, den Bedürfnissen, den Werten oder der Motivation der Mitarbeiter sowie der Mitarbeiterorientierung der Führungskräfte liegen dürfte. Dennoch – so muß befürchtet werden – kann ein Durchbruch in der ganzheitlich schlanken Gestaltung von Unternehmungen und, vor allem, in der mitarbeiterorientierten Führung in diesen Unternehmungen erst dann erzielt werden, wenn den Unternehmungslenkern, die noch überwiegend ein traditionell geprägtes Gewinn-und-Verlust-Denkschema verinnerlicht haben und die davon überzeugt sind, daß nur Größe und Wachstum via economies-of-scale-Effekte zu wirtschaftlichem Erfolg führen kann, auch anhand konkreter Zahlen klargemacht werden kann, was die Verfolgung der beiden Postulate schlanker Unternehmungen, besonders aber auch das Durchsetzen mitarbeiterorientierter Führung, für ihre Unternehmung tatsächlich „bringt".

Wenn sich aber die Einstellungen, die Denk- und Handlungsweisen der Manager tatsächlich gewandelt haben werden, so wird auch die verbreitete Einschätzung, daß es sich bei der schlanken Produktion und bei der schlanken Gestaltung von ganzen Unternehmungen um nichts anderes als um eine neu verpackte (modische, und deshalb populäre)

Form der Rationalisierung unter Zuhilfenahme von Massenentlassungen handelt, revidiert werden müssen.

Dann – aber auch erst dann – wird die revolutionäre Bedeutung dessen fest in dem Bewußtsein von Managern, Mitarbeitern und Gesellschaft verankert sein, was die MIT-Forscher 1989 mit ihrer Studie über den internationalen Automobilbau angestoßen haben, was KRAFCIK als Lean Production bezeichnet hat und was seitdem auf die Gestaltung ganzer Unternehmungen übertragen wurde.

Anmerkungen

Anmerkungen zu Kapitel 1:

1. Vgl. Womack/Jones/Roos [Revolution]. Die Originalausgabe erschien 1990 in New York unter dem Titel „The Machine That Changed the World".
2. Womack/Jones/Roos [Revolution], S. 19.
3. Schlosser [Unwörter], S. 19.
4. Vgl. bspw. Groothuis [Zitrone], S. 52 sowie o. V. [Fachstudie], S. 16 ff.
5. Vgl. Meister [Organisation], S. 6 f.
6. Vgl. dazu bspw. Eisele [Rechnungswesen], S. 292.
7. Vgl. Emde [Lean-Organisation], S. 142.
8. Vgl. dazu und zu dem Nachfolgenden Deppe [Potentiale], S. 44, sowie Schneck [Betriebswirtschaft], S. 335 ff., 341, 513, 565 und 721 f.
9. Vgl. dazu Reiß [Personalführung], S. 174.
10. Viele der Maßnahmen der Mitarbeiterführung in schlanken Unternehmungen, die in Kapitel 5 dieser Arbeit diskutiert werden, sind ebenfalls nicht neu. Sie sind auch kein spezifisches Gedankengut schlanker Unternehmungen, aber dort sind sie unabdingbare Voraussetzung für den Umgang zwischen Vorgesetzten und Mitarbeitern.
11. Einer Untersuchung von John F. Krafcik, einem Mitarbeiter der MIT-Studie, zufolge ist die Leistungsfähigkeit von Unternehmungen umso höher einzuschätzen, je stärker eine „schlanke" Unternehmungspolitik vertreten wird. Vgl. dazu Krafcik [Triumph], S. 48.
12. Reiß [Personalführung], S. 177.
13. Vgl. Womack/Jones [Lean Enterprise], S. 97.

Anmerkungen zu Kapitel 2:

1. Vgl. Womack/Jones/Roos [Revolution], S. 79.
2. Womack/Jones/Roos [Revolution], S. 9.
3. Womack/Jones/Roos [Revolution], S. 9.
4. Vgl. Jones [Lean-Production], S. 41.
5. Vgl. Krafcik [Triumph], S. 44 f.
6. Vgl. Krafcik [Triumph], S. 41 f.
7. Vgl. Macharzina [Unternehmensführung], S. 751.
8. Vgl. Womack/Jones/Roos [Revolution], S. 17.
9. Vgl. Pfeiffer/Weiß [Lean Management], S. 19.

10 Vgl. Wöhe [Einführung], S. 506 f.
11 Gutenberg [Betriebswirtschaftslehre], S. 99.
12 Vgl. Kern [Produktionswirtschaft], S. 86.
13 Vgl. Gomez/Zimmermann [Unternehmensorganisation], S. 44.
14 Taylor [Grundsätze], S. 10.
15 Vgl. Taylor [Grundsätze], S. 38 f.
16 Taylor [Grundsätze], S. 39.
17 Vgl. Gutenberg [Betriebswirtschaftslehre], S. 100 ff.
18 Vgl. Pfeiffer/Weiß [Lean Management], S. 34.
19 Vgl. Wöhe [Einführung], S. 413.
20 Vgl. Gutenberg [Betriebswirtschaftslehre], S. 101.
21 Vgl. Sloan [General Motors], S. 49 ff.
22 Vgl. Womack/Jones/Roos [Revolution], S. 44 ff.
23 Vgl. Womack/Jones/Roos [Revolution], S. 52.
24 Vgl. Bösenberg/Metzen [Lean Management], S. 9.
25 Vgl. Womack/Jones/Roos [Revolution], S. 61.
26 Fieten [Schlagwort], S. 16.
27 Bogaschewsky [Patentrezept], S. 276.
28 Gleichwohl nehmen die Gestaltung der Lieferanten-Hersteller-Beziehungen sowie der Kunden-Hersteller-Beziehungen bereits bei Womack, Jones und Roos einen breiten Raum ein und werden auch bei den meisten anderen Autoren zur Lean Production umfassend diskutiert. Dies ist damit zu begründen, daß eine schlanke Fertigung, die isoliert von anderen betrieblichen Teilbereichen eingeführt wird, immer nur begrenzten Erfolg haben kann. Vgl. dazu beispielsweise Fieten [Kopieren], S. 59 ff. In dieser Arbeit soll unter dem Begriff der Lean Production aber nur die Fertigungsorganisation verstanden werden. Alle anderen betrieblichen Teilbereiche, die mit der schlanken Fertigung zu verknüpfen sind, sind genaugenommen Elemente der schlanken Unternehmung als ganzer – und werden deshalb auch dort diskutiert. Siehe dazu auch die nachfolgenden Kapitel 2.2 und 3 dieser Arbeit.
29 Bittner/Reisch [Produktion], S. 65.
30 Womack/Jones/Roos [Revolution], S. 103 (im Original ohne Hervorhebung).
31 Vgl. Hentze/Kammel [Implementing], S. 40.
32 Vgl. Jones [Lean-Production], S. 43 f.
33 Vgl. Al-Baghdadi [Lean Management], S. 1052.
34 Vgl. Krafcik [Triumph], S. 45.
35 Kaizen bedeutet in wörtlicher Übersetzung „Wandel zum Guten" oder „Verbesserung". In der Anwendung des Begriffs für schlanke Unternehmungen ist unter Kaizen ein kontinuierlicher Prozeß von inkrementalen Verbesserungen der gesamten Wertschöpfungskette zu verstehen. Vgl. dazu

bspw. Volk [Kaizen], S. 117. Zur ausführlicheren Darstellung von Kaizen vgl. Imai [Kaizen].
36 Vgl. Nakane [Kaizen], S. 35 f. sowie Volk [Kaizen], S. 116 ff.
37 Vgl. Augustin [Kaizen], S. 20.
38 Vgl. Shingo [Erfolgsgeheimnis], S. 52.
39 Vgl. Daum/Piepel [Philosophie], S. 44.
40 Bogaschewsky [Patentrezept], S. 276. Siehe dazu auch Kapitel 2.1.3 der vorliegenden Arbeit.
41 Pfeiffer/Weiß [Philosophie], S. 18.
42 Reiß [Personalführung], S. 172.
43 Vgl. Bogaschewsky [Patentrezept], S. 284.
44 Vgl. Hirzel [Lean Management], S. 74.
45 Zum Nachfolgenden vgl. Hirzel [Lean Management], S. 73 ff.
46 Vgl. Womack/Jones/Roos [Revolution], S. 78.
47 Vgl. Womack/Jones/Roos [Revolution], S. 78.
48 Vgl. Probst [Organisation], S. 574.
49 Vgl. bspw. Kieser/Kubicek [Organisation], S. 16 f.
50 Vgl. Bullinger/Wasserloos [Unternehmensstrukturen], S. 14.
51 Vgl. Bogaschewsky [Patentrezept], S. 276.
52 Vgl. Bösenberg/Metzen [Lean Management], S. 60.
53 Suzaki [Management], S. 10.
54 Vgl. Niemeier/Schäfer [Management], S. 21.
55 Vgl. Bullinger/Niemeier [Lean Production], S. 158 ff.

Anmerkungen zu Kapitel 3:

1 Vgl. Ulrich [Unternehmung], S. 53 sowie Rühli [Unternehmungspolitik], S. 14 ff.
2 Vgl. Vester [Neuland], S. 27.
3 Vgl. Macharzina [Bedeutung], S. 4 ff.
4 Vgl. Malik [Strategie], S. 186.
5 Vgl. Probst [Regeln], S. 186.
6 Vgl. dazu sinngemäß Macharzina [Unternehmensführung], S. 14 ff.
7 Vgl. Probst/Gomez [Methodik], S. 5 f.
8 Vgl. Bleicher [Konzept], S. 5 f. und S. 15 ff.
9 Vgl. Dörner [Schwierigkeiten], S. 163 ff.

[10] Vgl. Bleicher [Konzept], S. 31.
[11] Vgl. Volk [Zukunft], S. 29 ff.
[12] Vgl. Ulrich/Probst [Anleitung], S. 27.
[13] Probst [Regeln], S. 186.
[14] Vgl. Vester [Neuland], S. 53.
[15] Vgl. Probst [Regeln], S. 190 f.
[16] Vgl. Bleicher [Konzept], S. 33.
[17] Ulrich/Probst [Anleitung], S. 11.
[18] Vgl. Ulrich/Probst [Anleitung], S. 33.
[19] Vgl. Ulrich [Management], S. 53 f.
[20] Die Darstellungen der Systemtheorie des Managements findet sich bei Ulrich [Unternehmung]. Weiterentwicklungen dieses Konzeptes werden u. a. bei Malik [Strategie], insbes. S. 22 ff. sowie bei Bleicher [Konzept], S. 55 ff. diskutiert.
[21] Vgl. Gomez/Probst [Denken], S. 3.
[22] Vgl. Gomez/Probst [Denken], S. 17 f.
[23] Vgl. Gomez/Probst [Denken], S. 7.
[24] Vgl. Bleicher [Konzept], S. 55.
[25] Vgl. dazu in ähnlicher Form Hill/Fehlbaum/Ulrich [Ziele], S. 248 f.
[26] Bleicher [Change Management], S. 189.
[27] Gutenberg [Betriebswirtschaftslehre], S. 1.
[28] Gutenberg [Betriebswirtschaftslehre], S. 2.
[29] Vgl. Gutenberg [Betriebswirtschaftslehre], S. 2 ff. Im folgenden soll aus Vereinfachungsgründen nur von produktiven Betrieben die Rede sein, obwohl das Gesagte in entsprechender Art auch auf Dienstleistungsbetriebe anwendbar ist.
[30] Vgl. Eisele [Rechnungswesen], S. 292.
[31] Vgl. Weber [Wertschöpfung], Sp. 2173.
[32] Vgl. Weber [Betriebliche], Sp. 1787 f.
[33] Vgl. Weber [Wertschöpfung], Sp. 2174 ff.
[34] Vgl. Porter [Wettbewerbsvorteile], S. 59.
[35] Vgl. Porter [Wettbewerbsvorteile], S. 59 ff.
[36] Vgl. Staehle [Management], S. 607.
[37] Vgl. Pfeiffer/Weiß [Lean Management], S. 65.
[38] Vgl. Bullinger/Niemeier [Lean Production], S. 161.
[39] Nach Porter gehören zu den primären Aktivitäten die Eingangslogistik, die mit der eigentlichen Produktion in Verbindung stehenden Operationen, die Ausgangslogistik, das Marketing, der Vertrieb sowie der Kundendienst.

Anmerkungen

Unterstützende Aktivitäten sind dagegen die Beschaffung, Technologieentwicklung, Personalwirtschaft sowie die Infrastruktur der Unternehmung. Vgl. dazu Porter [Wettbewerbsvorteile], S. 66 ff.

40 Zu dem Gedanken der Unternehmung als komplexes System siehe Kap. 3.1.1 dieser Arbeit.

41 Diesen Aussagen liegt das Konzept des integrierten Managements zugrunde. Vgl. dazu Bleicher [Konzept], insbes. S. 403 ff.

42 Malik [Management-Systeme], S. 51.

43 Vgl. Porter [Wettbewerbsvorteile], S. 76 f.

44 Vgl. Pfeiffer/Weiß [Lean Management], S. 65.

45 Vgl. Pfeiffer/Weiß [Lean Management], S. 66.

46 Vgl. Eiff [Organisations-Wertanalyse], S. I.

47 Pfeiffer/Weiß [Lean Management], S. 69.

48 Pfeiffer/Weiß [Lean Management], S. 69.

49 Zur Darstellung des Konzepts der modularen Fabrik vgl. Wildemann [Fabrik], insbes. S. 7 f. und S. 21 ff.

50 Vgl. Wildemann [Fabrik], S. 7.

51 Vgl. Pfeiffer/Weiß [Lean Management], S. 70 ff.

52 Vgl. Pfeiffer/Weiß [Lean Management], S. 94 ff. Zur gesamten Problematik der Komplexitätsreduktion vgl. auch Reiß [Organisation], S. 57 ff.

53 Vgl. Jehle [Wertanalyse], Sp. 4647 ff.

54 Vgl. dazu bspw. VDI-Zentrum Wertanalyse [Wertanalyse], insbes. S. 1-22.

55 Vgl. Gottschall [Wertanalyse], S. 132.

56 Jehle [System], S. 287.

57 Ansoff [Strategies], S. 113.

58 Vgl. Ansoff [Strategies], S. 113 f.

59 Vgl. Nieschlag/Dichtl/Hörschgen [Marketing], S. 867.

60 Vgl. Rodenstock [Diversifikationsplanung], Sp. 296 f.

61 Vgl. Bühner [Diversifikation], Sp. 812 ff.

62 Vgl. Bühner [Diversifikation], Sp. 816 f.

63 Daimler-Benz [1987], S. 20.

64 Vgl. Peters/Waterman [Excellence], S. 293 f.

65 Vgl. Peters/Waterman [Spitzenleistungen], S. 336. Aufgrund der nicht sehr treffenden Übersetzung habe ich den entsprechenden Abschnitt aus dem englischen Original übertragen. Vgl. Peters/Waterman [Excellence], p. 293.

66 Vgl. Bühner [Diversifikation], Sp. 817 f.

67 Vgl. Pfeiffer/Weiß [Philosophie], S. 25.

[68] Vgl. Picot [Ansatz], S. 338 f.
[69] Vgl. dazu Hartmann [Make-or-Buy-Entscheid], S. 463 f. sowie Dichtl [Orientierungspunkte], S. 54 ff.
[70] Picot [Ansatz], S. 344.
[71] Vgl. Picot [Ansatz], S. 344 ff.
[72] Vgl. Kummetsteiner [Hochleistungsfabrik], S. 93 ff.
[73] Vgl. Hirzel [Lean Management], S. 73.
[74] Vgl. Bechthold/Müller [Japan], S. 37.
[75] Vgl. Peters/Waterman [Excellence], insbes. S. 300 f.
[76] Vgl. Picot [Ansatz], S. 349.
[77] Vgl. Groth/Kammel [Lean Management], S. 72.
[78] Vgl. Kummetsteiner [Hochleistungsfabrik], S. 93.
[79] Vgl. Macharzina [Unternehmensführung], S. 754.
[80] Vgl. dazu auch Kummetsteiner [Hochleistungsfabrik], S. 78.
[81] Vgl. Bullinger/Wasserloos [Unternehmensstrukturen], S. 12.
[82] Vgl. Ulrich [Commitment], S. 19 f.
[83] Vgl. Bösenberg/Metzen [Lean Management], S. 91 ff.
[84] Vgl. Daum/Piepel [Philosophie], S. 40.
[85] Vgl. Peters [Hierarchien], S. 871 ff. sowie Daum/Piepel [Philosophie], S. 41.
[86] Vgl. Daum/Piepel [Philosophie], S. 41.
[87] Vgl. Bullinger/Niemeier [Lean Production], S. 161.
[88] Vgl. Womack/Jones/Roos [Revolution], S. 63.
[89] Siehe Kapitel 3.2.3 lit. a) dieser Arbeit.
[90] Vgl. Womack/Jones/Roos [Revolution], S. 153 ff.
[91] Vgl. Schonberger [Produktion], S. 193.
[92] Vgl. Fieten [Strategie], S. 21.
[93] Unter Zulieferern der ersten Stufe werden solche Unternehmungen verstanden, die eine unmittelbare Lieferbeziehung zu dem Hersteller des Endproduktes unterhalten. Die Zulieferer der ersten Stufe werden ihrerseits Verträge mit weiteren Zuliefer-Unternehmungen, sogenannten Zulieferern der zweiten Stufe, unterhalten. Dadurch kommt es zu einem pyramidenförmigen Aufbau des Zulieferer-Systems.
[94] Vgl. Fieten [Strategien], S. 23.
[95] Vgl. Kistner/Steven [Entwicklungen], S. 15 sowie Cornelßen [Abschied], S. 47 ff. Zur ausführlicheren Darstellung des Just-in-Time-Konzepts vgl. bspw. Wildemann [Just-in-Time-Konzept].
[96] Vgl. Kistner/Steven [Entwicklungen], S. 15.

Anmerkungen

[97] Zur detaillierteren Darstellung, zu Anwendungsvoraussetzungen und zur Kritik am Kanban-Prinzip vgl. bspw. Wildemann [Werkstattsteuerung], insbes. S. 33 ff.

[98] Vgl. Bullinger/Niemeier [Lean Production], S. 162 ff.

[99] Vgl. Fuchs [Taylorismus], S. 14.

[100] Vgl. Stalk/Hout [Zeitwettbewerb], S. 55 ff. Zu der Notwendigkeit, auf eine turbulente Umwelt mit erhöhter Flexibilität reagieren zu müssen, vgl. auch Hayes/Pisano [World-Class], insbes. S. 78.

[101] Vgl. Lawrence/Lorsch [Organization], insbes. S. 23 ff.

[102] Vgl. Stalk/Hout [Zeitwettbewerb], S. 74 ff.

[103] Vgl. Kummetsteiner [Hochleistungsfabrik], S. 89.

[104] Vgl. Sayles [Productivity], S. 15 f.

[105] Vgl. Bleicher [Chancen], S. 205.

[106] Vgl. Kummetsteiner [Hochleistungsfabrik], S. 90 ff.

[107] Vgl. Bleicher [Chancen], S. 360 f. sowie S. 386 ff.

[108] Zur Darstellung der Projektorganisation vgl. bspw. Frese [Grundlagen], S. 448 ff.

[109] Vgl. Gaitanides [Ablauforganisation], Sp. 15 f.

[110] Staehle [Management], S. 718.

[111] Vgl. Deppe [Aspekte], S. 43.

[112] Vgl. Gottschall [Lean Production], S. 57.

[113] Vgl. Piepel [Übertragung], S. 62 f.

[114] Im Grunde genommen ist die Forderung nach der Beachtung der Mitarbeiter mit ihren Bedürfnissen aus Gründen der Leistungsfähigkeit einer Unternehmung weder neu noch eine spezifische Erkenntnis schlanker Unternehmungen. So wurde sie bspw. von Kuhnle (in Anlehnung an Peters und Waterman) bereits 1987 als Ziel der Personalwirtschaft einer jeden erfolgreichen Unternehmung postuliert. Vgl. dazu Kuhnle [Unternehmen], S. 189 f. Allerdings ist diese Forderung in der betrieblichen Praxis erstmalig im Rahmen schlanker Unternehmungen tatsächlich und konseqeuent *umgesetzt* worden.

Anmerkungen zu Kapitel 4:

[1] Vgl. v. Rosenstiel [Führung], S. 4.

[2] Vgl. Bea/Dichtl/Schweitzer [Führung], S. 1.

[3] Vgl. Macharzina [Führungstheorien], S. 22.

[4] Vgl. Macharzina [Unternehmensführung], S. 36 f.

5   Vgl. Macharzina [Unternehmensführung], S. 35. Im Schrifttum wird verbreitet auch nur von zwei Dimensionen der Führung ausgegangen – nämlich der funktionalen und der institutionalen. Vgl. dazu bspw. Steinmann/Schreyögg [Management], S. 5 ff.
6   Vgl. Malik [Management-Systeme], S. 6.
7   Vgl. Bleicher [Führung], Sp. 1273.
8   Vgl. Macharzina [Unternehmensführung], S. 36.
9   Macharzina [Unternehmensführung], S. 42.
10 Ulrich [Unternehmungspolitik], S. 21.
11 Vgl. Ulrich [Unternehmungspolitik], S. 13.
12 Vgl. Ulrich [Unternehmungspolitik], S. 21 sowie Macharzina [Unternehmensführung], S. 14 ff.
13 Vgl. Macharzina [Unternehmensführung], S. 406.
14 Scholz [Personalmanagement], S. 399.
15 Vgl. Hentze [Personalerhaltung], S. 171 f.
16 Rühli [Unternehmungsführung], S. 93.
17 Vgl. Rühli [Unternehmungsführung], S. 86 f.
18 Vgl. Rühli [Unternehmungsführung], S. 98.
19 Siehe dazu auch Kap. 4.4.2 dieser Arbeit.
20 Eine umfassende verhaltenswissenschaftliche Fundierung der Beziehung zwischen Vorgesetzten und Mitarbeitern findet sich bei Lattmann [Führung], insbesondere S. 67 ff.
21 Vgl. Wunderer/Grunwald [Grundlagen], S. 221.
22 Wunderer/Grunwald [Grundlagen], S. 221.
23 Vgl. Wunderer/Grunwald [Grundlagen], S. 273 f.
24 Verschiedene sogenannte Führungstheorien nehmen dazu Stellung, wie Führungserfolg erreicht werden kann. Die Darstellung solcher Führungstheorien soll nicht Gegenstand dieser Arbeit sein. Eine Übersicht über verschiedene Führungstheorien findet sich bei Reber [Führungstheorien], Sp. 981 ff., sowie ausführlicher in Kieser/Reber/Wunderer [Führung], Sp. 680-908 und in Baumgarten [Führungsstile], S. 25 ff.
25 Neben der Studien der Ohio-Gruppe haben vor allem die Iowa-Studien große Bedeutung erlangt, die auf gedanklich-analytischer Basis drei mögliche Führungsstile unterscheiden: einen autokratischen, einen demokratischen und einen Laissez-faire-Führungsstil. Vgl. dazu bspw. Bleicher [Führung], Sp. 1275 f.
26 Vgl. Fleishman/Harris [Patterns], S. 43 ff.
27 Die „Michigan-Gruppe" forschte an der University of Michigan, Ann Arbor, MI.
28 Vgl. Steinmann/Schreyögg [Management], S. 557.

Anmerkungen

[29] So beispielsweise durch Fiedler, aber auch durch Blake/Mouton, Reddin und durch Hersey/Blanchard. Vgl. dazu Staehle [Management], S. 771 ff.

[30] Vgl. Gomez/Zimmermann [Unternehmensorganisation], S. 34.

[31] Vgl. Fiedler/Chemers/Mahar [Führungserfolg], S. 20 f.

[32] Ulich/Baitsch/Alioth [Führung], S. 10.

[33] Vgl. Gomez/Zimmermann [Unternehmensorganisation], S. 35.

[34] Vgl. Ulich/Baitsch/Alioth [Führung], S. 10.

[35] Vgl. Gomez/Zimmermann [Unternehmensorganisation], S. 36. Vielfach wird deswegen auch von einem kooperativen Führungsstil gesprochen. Vgl. dazu Wunderer/Grunwald [Führung].

[36] Vgl. Steinmann/Schreyögg [Management], S. 558.

[37] Die Unterscheidung in „harte" und „weiche" Elemente der Unternehmungsführung geht auf Pascale und Athos zurück. In ihrer Konzeption des 7-S-Managements begründen sie den relativen Erfolg japanischer Unternehmungen damit, daß dort das Management neben den aufgabenorientierten „harten" Faktoren (Strategy, Structure und Systems) den mitarbeiterorientierten „weichen" Faktoren (Staff, Skills, Style und Superordinate Goals) den gleichen Stellenwert einräumt. Vgl. dazu Macharzina [Unternehmensführung], S. 739 ff.

[38] Vgl. Fiedler/Chemers/Mahar [Führungserfolg], S. 18 ff.

[39] Vgl. Bennis/Nanus [Führungskräfte], S. 27 ff.

[40] Vgl. Sprenger [Mythos], S. 154 f.

[41] Vgl. Hauser [Phoenix], S. 78.

[42] Wiedemann [Mitarbeiter], S. 179.

[43] Vgl. Pascale/Athos [Management], S. 202 ff.

[44] Der Wortstamm kommt von dem lateinischen Verb movere; dt.: bewegen; in Bewegung setzen; jemanden bestimmen; drängen.

[45] Jones [Motivation], zitiert nach Lawler [Motivierung], S. 13.

[46] Eisenhower; zitiert nach Sprenger [Mythos], S. 20.

[47] Vgl. Sprenger [Mythos], S. 17 ff.

[48] Vgl. Weinert [Motivation], Sp. 1435.

[49] Siehe dazu Kap. 5 dieser Arbeit.

[50] Diese sind in ihrer hierarchischen Ordnung: physiologische, Sicherheits-, soziale sowie Wertschätzungsbedürfnisse und, an oberster Stelle, das Bedürfnis nach Selbstverwirklichung.

[51] Zur ausführlichen Darstellung der Theorie der Bedürfnishierarchie vgl. Maslow [Persönlichkeit], insbes. S. 62 ff. und S. 127 ff. Zu deren Verbreitung und Kritik vgl. Wunderer/Grunwald [Grundlagen], S. 176 ff.

[52] Zu diesen Hygiene-Faktoren (oder Dissatisfiers) zählen der Führungsstil, die

Unternehmungspolitik und -organisation, die Arbeitsbedingungen sowie die Beziehungen zu Vorgesetzten und Kollegen.

[53] Motivatoren (oder Satisfiers) sind der Leistungserfolg, die Anerkennung der eigenen Leistung, die Arbeitsaufgabe selbst und die individuell zu übernehmende Verantwortung. Eine Sonderstellung zwischen den Hygiene-Faktoren und den Motivatoren nimmt das Arbeitsentgelt ein. Nach Auffassung von Herzberg kann dieses zwar kurzfristig zu einer höheren Zufriedenheit führen, dauerhaft spricht er aber der Entlohnung eine Motivationswirkung ab. Vgl. dazu Steinmann/Schreyögg [Management], S. 481.

[54] Zur ausführlichen Darstellung der Zwei-Faktoren-Theorie vgl. Herzberg/Mausner/Snyderman [Motivation], insbes. S. 113 ff. sowie Herzberg [Mitarbeiter], S. 45 ff. Zur Kritik an der Zwei-Faktoren-Theorie vgl. Wunderer/Grunwald [Grundlagen], S. 194 ff.

[55] Vgl. Hentze [Personalerhaltung], S. 34.

[56] Wunderer/Grunwald [Grundlagen], S. 171.

[57] Vgl. Kleinbeck/Quast [Motivation], Sp. 1420.

[58] Vgl. bspw. v. Rosenstiel [Motivation], S. 159.

[59] Vgl. v. Rosenstiel [Grundlagen], S. 116.

[60] Die extrinsischen Motivationsfaktoren entsprechen also weitgehend den Hygiene-Faktoren nach Herzberg.

[61] Vgl. v. Rosenstiel [Grundlagen], S. 121. Die Faktoren der intrinsischen Motivation stimmen damit im wesentlichen mit den Motivatoren der Herzbergschen Zwei-Faktoren-Theorie überein.

[62] Vgl. Peters/Austin [Leistung], S. 15 f.

[63] McClelland [Motivation], S. 36 f.

[64] Vgl. o. V. [Leistungsmotivation], Sp. 104 f.

[65] Wunderer/Grunwald [Grundlagen], S. 76.

[66] Vgl. Weinert [Menschenbilder], Sp. 1428.

[67] Vgl. Schein [Organisationspsychologie], S. 77.

[68] Vgl. Miles [Theories], S. 33.

[69] Andere bekannte Typologien gehen z. B. auf Argyris, McGregor oder auch Weinert zurück. Vgl. dazu Wunderer/Grunwald [Grundlagen], S. 78 ff. sowie Staehle [Management], S. 172 ff.

[70] Vgl. Schein [Organisationspsychologie], S. 77.

[71] Man spricht deshalb auch von einem mechanistischen Menschenbild bzw. von einem Maschinenmodell. Vgl. dazu Frese [Organisationstheorie], S. 37 ff.

[72] Vgl. Wunderer/Grunwald [Führung], S. 95 ff.

[73] Vgl. Staehle [Management], S. 722.

[74] Diese Erkenntnis wurde von Mayo, Roethlisberger und Dicksen in den

Anmerkungen

berühmt gewordenen sogenannten „Hawthorne-Experimenten" gewonnen. Vgl. dazu auch Miles [Theories], S. 40 f.

75 Vgl. Wunderer/Grunwald [Grundlagen], S. 100 f.
76 Siehe dazu auch die Darstellung der Theorie der Bedürfnishierarchie in Kap. 4.2.2 lit. b) dieser Arbeit.
77 Vgl. Schein [Organisationspsychologie], S. 93 f.
78 Vgl. Emery/Thorsrud [Democracy], S. 158 f.
79 Vgl. Sprenger [Mythos], S. 150.
80 Dem Lean Management liegt letztlich ein Menschenbild des complex man zugrunde.
81 Vgl. Wunderer/Grunwald [Grundlagen], S. 103.
82 Vgl. Etzioni [Soziologie], S. 67.
83 Vgl. dazu bspw. Macharzina [Leistungsmotivation], insbes. S. 14 f.
84 Vgl. Wunderer/Grunwald [Grundlagen], S. 108.
85 Vgl. Schein [Organisationspsychologie], S. 91.
86 Vgl. Wunderer [Führung], S. 69.
87 Hill, Fehlbaum und Ulrich sprechen hier in Erweiterung der Typologie Scheins von einem Menschenbild des „symbolic man". Vgl. dazu Hill/Fehlbaum/Ulrich [Ansätze], S. 447 f.
88 Vgl. Macharzina [Leistungsmotivation], S. 7 ff.
89 Scholz [Personalmanagement], S. 4 f.
90 Macharzina [Leistungsmotivation], S. 8.
91 Vgl. Wunderer [Mitarbeiterführung], S. 35.
92 Bedeutende Untersuchungen zum Wertewandel führten u. a. Inglehart (Wandel von materialistischen zu postmaterialistischen Werten), Noelle-Neumann (bürgerliche Arbeitstugenden und deren Verfall), Opaschowski (Übergang von der Arbeits- zur Freizeitorientierung), von Rosenstiel (Wandel von der Karriereorientierung zur freizeitorientierten Schonhaltung), sowie Klages (Übergang von Pflichttugenden zu Selbstentfaltungswerten) durch. Vgl. dazu Scholz [Personalmanagement], S. 5 ff.
93 Zur Darstellung des theoretischen Rahmens und der Aussagen der Theorie des Wertewandels vgl. Inglehart [Revolution], S. 991 ff. sowie Inglehart [Umbruch], S. 90 ff.
94 Inglehart bezieht sich bei der Vorstellung von der Verschiebung von Werten erkennbar auf die Theorie der Bedürfnishierarchie von Maslow. Siehe dazu auch Kapitel 4.2.2 lit. b) dieser Arbeit.
95 Vgl. Inglehart [Umbruch], S. 136.
96 Vgl. Inglehart [Umbruch], S. 169 ff.
97 Vgl. Beerman/Stengel [Werthaltungen], S. 377 ff.
98 Vgl. Bleicher [Zukunftsperspektiven], S. 152.

[99] Vgl. Inglehart [Umbruch], S. 182 sowie Al-Baghdadi [Mensch], S. 1051 f.

[100] Vgl. Hanselmann [Wertewandel], S. 197.

[101] Zu der methodischen Kritik an Inglehart, vor allem an der starken Vereinfachung der zugrundegelegten Maslowschen Bedürfnishierarchie, der weitgehenden Gleichsetzung von Bedürfnissen und Werten sowie der mangelnden theoretischen Eignung der Aussagen Ingleharts als Theorie, vgl. Klages [Wertwandelforschung], S. 13 ff.

[102] Vgl. Beerman/Stengel [Werthaltungen], S. 378.

[103] Vgl. dazu bspw. Bihl [Unternehmen], S. 53 f.

[104] Vgl. dazu bspw. Opaschowski [Arbeit], S. 26 ff.

[105] Vielfach ist in diesem Zusammenhang von „Frust am Arbeitsplatz" oder von „innerer Kündigung" zu hören. Vgl. dazu auch Al-Baghdadi [Mensch], S. 1052.

[106] Vgl. Weber [Resources], S. 40.

[107] Vgl. Bihl [Unternehmen], S. 53 f.

[108] Vgl. Scholz [Personalmanagement], S. 9.

[109] So entschied sich bspw. die BMW AG zu Beginn der achtziger Jahre, den gesellschaftlichen Wertewandel ihrer Personalpolitik zugrundezulegen. Vgl. dazu Bihl [Personalpolitik], S. 768.

[110] Vgl. Scholz [Personalmanagement], S. 10.

[111] Vgl. Hanselmann [Wertewandel], S. 199.

[112] Zumindest, solange die Unternehmung nicht den Wandel der Wertvorstellungen direkt adaptiert. Zu der damit angesprochenen Problematik lernender Organisationen vgl. bspw. Argyris/Schön [Learning].

[113] Vgl. v. Rosenstiel [Wandel], S. 37.

[114] Bleicher [Zukunftsperspektiven], S. 153.

[115] Vgl. dazu bspw. Ulich/Baitsch/Alioth [Führung], S. 4.

[116] Vgl. Wunderer [Mitarbeiterführung], S. 37.

[117] Vgl. Hanselmann [Wertewandel], S. 199.

[118] Vgl. Bihl [Unternehmen], S. 55.

[119] Vgl. dazu Bihl [Unternehmen], S. 56 sowie Peters/Waterman [Excellence], S. 279 ff.

[120] Siehe Kap. 2.2.2 lit. b) dieser Arbeit.

[121] Vgl. Töpfer [Benutzerfreundlichkeit], S. 241 ff. sowie Fritz/Förster/Wiedmann/Raffée [Unternehmensführung], S. 567 ff. Zu davon abweichenden Zielen sowie zu der Diskussion von Unternehmungszielen im allgemeinen vgl. bspw. Macharzina [Unternehmensführung], S. 160 ff.

[122] Vgl. Al-Baghdadi [Lean Management], S. 1054.

[123] Vgl. auch Reiß [Personalführung], S. 179.

Anmerkungen

¹²⁴ Deppe [Aspekte], S. 43.
¹²⁵ Vgl. Rudolph [Verhältnisse], S. 245. und Deppe [Aspekte], S. 43. Bleicher spricht hier von der Entwicklung von einer Mißtrauens- zu einer Vertrauensorganisation. Vgl. dazu Bleicher [Change Management], S. 189 ff.
¹²⁶ Vgl. Affemann [Mensch], S. 16.
¹²⁷ Vgl. Al-Baghdadi [Lean Management], S. 1052.

Anmerkungen zu Kapitel 5:

¹ Vgl. bspw. Frese [Organisationstheorie], S. 345 ff.
² Vgl. Steinmann/Schreyögg [Management], S. 58
³ Gruppenorientierte Arbeitsformen sind zwar zunächst eine Frage der Unternehmungsorganisation, sie können hier aber mit gleicher Berechtigung innerhalb des Kapitels über mitarbeiterorientierte Führung behandelt werden: Schließlich besteht der entscheidende Unterschied zwischen individualorientierter und gruppenorientierten Arbeitsformen, in dem das Menschenbild der jeweiligen Führung zugrundeliegt. Somit ist die organisatorische Gestaltung der Arbeit in Gruppen oder Teams lediglich Ausdruck eines bestimmten, nämlich des mitarbeiterorientierten Führungsverhaltens.
⁴ Vgl. Steinmann/Schreyögg [Management], S. 494 ff. Zwischenzeitlich wurde das Werk in Uddevalla zwar wieder geschlossen, doch war der ausschlaggebende Grund dafür nicht das Scheitern der Arbeitsorganisation in Gruppen. Vgl. dazu auch die Diskussion um die unterschiedlichen Konzepte der Arbeitsorganisation der Lean Production und der Gruppenarbeit in Uddevalla bei Adler/Cole [Learning], S. 85 ff. und bei Berggren [Uddevalla], S. 37 ff.
⁵ In neuester Zeit finden gruppenorientierte Arbeitsweisen weltweit bei fast allen Herstellern von Autos zumindest teilweise Anwendung; so auch bei allen bundesdeutschen Automobilproduzenten.
⁶ Vgl. Bendixen [Organisationsformen], Sp. 2227 f.
⁷ Vgl. Probst [Organisation], S. 534.
⁸ Vgl. Bendixen [Organisationsformen], Sp. 2227.
⁹ Zur Frage der Selbstorganisation vgl. bspw. Probst [Selbstorganisation], insbes. auch Sp. 2265.
¹⁰ Vgl. Wiendieck [Teamarbeit], Sp. 2736.
¹¹ Vgl. Steinmann/Schreyögg [Management], S. 528.
¹² Vgl. dazu bspw. Stürzl [Lean Production], S. 57 ff.
¹³ Zu weiteren Vorteilen gruppenorientierter Arbeitsformen vgl. Staehle [Management], S. 260 ff.
¹⁴ Vgl. Grochla [Unternehmungsorganisation], S. 215.

[15] Vgl. Trebesch [Teamarbeit], Sp. 2218.

[16] Vgl. Hofstätter [Gruppendynamik], S. 35 ff. Wiswede weist dagegen darauf hin, daß der eigentliche Gruppeneffekt erst durch die Anwesenheit anderer Personen und deren motivierende, stimulierende und kontrollierende Funktion zustandekommt. Vgl. Wiswede [Gruppen], Sp. 750.

[17] Vgl. Steinmann/Schreyögg [Management], S. 512 ff. und S. 532 ff.

[18] Vgl. Grochla [Unternehmungsorganisation], S. 215.

[19] Vgl. Thönnes [Gruppenarbeit], S. 187.

[20] Vgl. Trebesch [Teamarbeit], Sp. 2225.

[21] Vgl. Thönnes [Gruppenarbeit], S. 187.

[22] Vgl. Jungmann [Lean Production], S. 164.

[23] Vgl. Wiswede [Gruppen], Sp. 746 ff.

[24] Vgl. Trebesch [Teamarbeit], Sp. 2219 f. sowie Wiendieck [Teamarbeit], Sp. 2379 ff.

[25] Siehe dazu auch Kap. 4.4.3 dieser Arbeit.

[26] Zu weiteren Formen der Arbeitsorganisation, die ebenso wie die Gruppen- oder Teamarbeit durch die Vorteile flacher Hierarchien und polyzentrischer Strukturen gekennzeichnet sind, vgl. Gomez/Zimmermann [Unternehmungsorganisation], S. 97 ff.

[27] Vgl. Stürzl [Lean Production], S. 18 ff.

[28] Vgl. Womack/Jones/Roos [Revolution], S. 96 f.

[29] Hill/Fehlbaum/Ulrich [Ziele], S. 248.

[30] Vgl. Whitehill [Management], S. 117. Diese Aussage sollte aber nicht zu der Annahme verleiten, daß wegen der starken kollektiven Ausrichtung der einzelne Mitarbeiter als solcher nicht (mehr) ernst genommen würde. Im Gegenteil: Die Gruppenorientierung ist gerade deshalb zum zentralen Element der Organisation schlanker Unternehmungen geworden, weil darin die Wertschätzung für die Mitarbeiter und ihre individuellen Bedürfnisse zum Ausdruck kommt (i. S. der Abkehr einer zu weitgehenden Arbeitsteilung). Vgl. dazu Stürzl [Lean Production], S. 78.

[31] Im Gegensatz dazu sprechen Hentze/Kammel sowie Kammel/Groth davon, daß die Gruppe von einem starken Gruppenleiter geführt wird. M. E. trifft dies aber nicht so sehr auf eine Arbeitsgruppe, als vielmehr auf das interdisziplinäre Team („Projektgruppe") zu. Vgl. dazu Hentze/Kammel [Lean Production], S. 324 und Kammel/Groth [Lean Production], S. 512.

[32] Vgl. Stürzl [Lean Production], S. 79.

[33] Vgl. Stürzl [Lean Production], S. 73 ff.

[34] Voraussetzung dafür ist, daß die übertragene Aufgabe überschaubar und von der Gruppe bearbeitbar ist, daß realistische Produktionsziele gesetzt werden und daß ein ausreichender Freiraum für die Disposition innerhalb der Gruppe gewährleistet ist. Vgl. zu den Voraussetzungen der Gruppenarbeit bspw. Staehle [Management], S. 260 ff.

Anmerkungen

35 Vgl. Hentze/Kammel [Lean Production], S. 323 f. sowie Reiß [Implementierung], S. 122 ff.
36 Vgl. Stürzl [Lean Production], S. 78 f.
37 Vgl. Thönnes [Gruppenarbeit], S. 192.
38 Diese Form der Teamarbeit ist z. B. in Qualitätszirkeln oder in Vorschlagsgruppen anzutreffen. Vgl. dazu bspw. Griepenkerl [Personalführung], S. 15 f.
39 Vgl. Probst [Organisation], S. 533.
40 Vgl. v. Rosenstiel [Organisationspsychologie], S. 105.
41 Vgl. in ähnlicher Form Ulich [Arbeitspsychologie], S. 139 ff. und v. Rosenstiel [Organisationspsychologie], S. 104 ff.
42 Vgl. Ulich [Arbeitspsychologie], S. 140 f.
43 Vgl. v. Rosenstiel [Organisationspsychologie], S. 106.
44 Vgl. v. Rosenstiel [Organisationspsychologie], S. 108 sowie Ulich [Arbeitspsychologie], S. 387 f.
45 Vgl. Breucker [Lean Production], S. 566 f.
46 Entsprechende Untersuchungen für teilautonome Arbeitsgruppen bestätigen dies eindrucksvoll. Vgl. dazu bspw. Bihl [Mitbestimmung], insbes. S. 17 ff.
47 Vgl. Friedrich [Personalarbeit], S. 105.
48 Vgl. Groothuis [Zitrone], S. 59.
49 Vgl. Kammel/Groth [Lean Production], S. 514.
50 Vgl. Yoshino [Management], S. 278 ff.
51 Vgl. Friedrich [Personalarbeit], S. 105.
52 Vgl. bspw. Zepf [Führungsstil], S. 136 ff. sowie Scherer [Führung], S. 78 f. Zu den organisatorischen Bedingungen der mitarbeiterorientierten Führung, insbes. auch zu den Aspekten der Delegation, der Dezentralisierung, der Partizipation und der Koordination vgl. die ausführliche Darstellung bei Wunderer/Grunwald [Führung], S. 329 ff. sowie bei Hill/Fehlbaum/Ulrich [Ziele], S. 170 ff.
53 Vgl. Fieten [Schlagwort], S. 16 f.
54 Vgl. Reiß [Implementierung], S. 111.
55 Vgl. Affemann [Mensch], S. 11.
56 Vgl. Whitehill [Management], S. 52.
57 Vgl. Affemann [Mensch], S. 13 f.
58 Deswegen ist es auch besonders wichtig, Gruppenmitglieder so auszuwählen, daß es mit möglichst geringen sozialreduktiven interpersonalen Spannungen zu einer bestmöglichen Gruppenleistung kommen kann. Vgl. dazu auch den Forschungsüberblick bei Scholz [Personalmanagement], S. 354 ff.

[59] Vgl. Affemann [Mensch], S. 15 ff.

[60] Vgl. Wittmann [Unternehmung], S. 14.

[61] Wittmann [Unternehmung], S. 15.

[62] Vgl. Gaugler [Information], Sp. 1128 sowie Titscher [Kommunikation], Sp. 1206.

[63] Vgl. Gaugler [Information], Sp. 1128.

[64] Vgl. dazu bspw. Poensgen [Kommunikation], S. 466.

[65] Watzlawick weist darauf hin, daß es unmöglich ist, nicht zu kommunizieren, ganz egal, wie man sich verhält. Vgl. dazu Watzlawick/Beavin/Jackson [Kommunikation], S. 50 f.

[66] Vgl. Watzlawick/Beavin/Jackson [Kommunikation], S. 52.

[67] Im Gegensatz dazu geht Irle (und mit ihm auch Macharzina) davon aus, daß Kommunikation durch den Versuch der Einflußnahme und durch eine bewußte Reaktion des Empfängers auf den Beeinflussungsversuch gekennzeichnet ist. Vgl. dazu Irle [Kommunikation], S. 380 f. sowie Macharzina [Kommunikationspolitik], Sp. 1214. Wenn aber mit Watzlawick jedes menschliche Verhalten, auch unabsichtliches, gleichzeitig als Kommunikation aufgefaßt werden kann, so ist Kommunikation ausdrücklich nicht von einer bewußten Einflußnahme abhängig. Die Reaktion des Informationsempfängers i. S. einer Rückmeldung an den Sender wird gemeinhin als konstituierendes Merkmal der Interaktion aufgefaßt. Vgl. dazu bspw. Schulz von Thun [Kommunikation], S. 82 oder Wahren [Kommunikation], S. 33 f.

[68] Vgl. Gaugler [Information], Sp. 1128.

[69] Vgl. Titscher [Kommunikation], Sp. 1208.

[70] Hentze/Kammel [Lean Production], S. 325.

[71] Vgl. dazu auch Heinrich [Informationsmanagement], Sp. 1751 f. sowie Breucker [Lean Production], S. 567.

[72] Vgl. dazu die Untersuchung von Macharzina zu den Zielen der Arbeitnehmerinformation in 79 bundesdeutschen Unternehmungen. Andere Untersuchungen zu derselben Fragestellung kamen in bezug auf die Identifikation der Mitarbeiter mit den Zielen der Unternehmung und insofern auch bzgl. der Integration der Mitarbeiter in den Betrieb zu einem weitgehend gleichlautenden Ergebnis. Vgl. dazu Macharzina [Informationspolitik], S. 66 ff.

[73] Vgl. Jungmann [Lean Production], S. 163.

[74] Gaugler [Information], Sp. 1131.

[75] Vgl. Griepenkerl [Personalführung], S. 18.

[76] Vgl. Bihl [Personalpolitik], S. 774.

[77] Vgl. Weber [Kommunikation], S. 30 ff.

[78] Vgl. Macharzina [Informationspolitik], S. 63 f.

Anmerkungen

[79] Zur Trennung zwischen einer internen und einer externen Unternehmungskommunikation vgl. Bührlen [Kommunikationspolitik], S. 384 ff.

[80] Vgl. Macharzina/Dedler [Analyse], S. 2.

[81] Vgl. dazu bspw. Thommen [Information], S. 107 ff. sowie Zander [Informationspolitik], insbes. S. 20 ff.

[82] Vgl. Emde [Lean-Organisation], S. 147 f.

[83] Vgl. Semen [Offenheit], S. 268.

[84] Vgl. bspw. Hentze/Kammel [Lean Production], S. 325.

[85] Vgl. Semen [Offenheit], S. 265.

[86] Vgl. Stech [Communication], S. 79.

[87] Vgl. Stech [Communication], S. 45.

[88] Vgl. Semen [Offenheit], S. 269.

[89] Semen [Offenheit], S. 265.

[90] Vgl. Semen [Offenheit], S. 271.

[91] Vgl. Rudolph [Verhältnisse], S. 245. Seinen Niederschlag findet diese Erkenntnis in der enormen Bedeutung, die das betriebliche Vorschlagswesen in schlanken Unternehmungen innehat. Vgl. dazu bspw. Jung [Kaizen], S. 361.

[92] Vgl. Whitehill [Management], S. 216.

[93] Vgl. Jung [Kaizen], S. 361.

[94] Vgl. Hentze/Kammel [Lean Production], S. 327.

[95] Vgl. Stech [Communication], S. 79.

[96] Vgl. Stech [Communication], S. 80.

[97] Vgl. Stech [Communication], S. 79.

[98] Vgl. Semen [Offenheit], S. 265.

[99] Vgl. Stech [Communication], S. 79.

[100] Semen [Offenheit], S. 271. Zu dem Für und Wider einer weitgehenden Partizipation an unternehmerischen Entscheidungen vgl. Kirsch [Unternehmenspolitik], S. 158 ff. sowie Hill/Fehlbaum/Ulrich [Ziele], S. 235 ff.

[101] Vgl. Oechsler [Konflikt], Sp. 1131.

[102] Zu den möglichen Formen der Konflikthandhabung vgl. die klassifizierende Darstellung von Königswieser [Konflikthandhabung], Sp. 1241 ff.

[103] So weist bspw. Affemann zu Recht darauf hin, daß kreative Potentiale durch die Existenz von Spannungen überhaupt erst hervorgerufen, zumindest aber begünstigt werden. Vgl. Affemann [Mensch], S. 12. Zu weiteren möglichen Folgen von Konflikten positiver wie negativer Art vgl. die Zusammenfassung bei Staehle [Management], S. 365 f.

[104] Vgl. dazu Kappler [Ursachen], S. 20.

105	Vgl. Oechsler [Personal], S. 356 ff. sowie Kappler [Ursachen], S. 21.
106	Vgl. dazu v. a. Lattmann [Führung], S. 473.
107	Vgl. Inohara [Development], S. 69.
108	Vgl. Deppe [Potentiale], S. 43 f.
109	Vgl. Gaugler [Flexibilisierung], S. 18 ff.
110	Vgl. Gaugler [Flexibilisierung], S. 16.
111	Vgl. Reiß [Personalführung], S. 186 f.
112	Gleichwohl kann auch eine schlanke Unternehmung nicht gänzlich auf hochspezialiserte Fachkräfte verzichten. Da diese jedoch oft in Entwicklungteams eingesetzt werden, benötigen auch sie wenigstens ein Mindestmaß an sozialer Kompetenz.
113	Vgl. Suzaki [Management], S. 61 f.
114	Vgl. Inohara [Development], S. 70.
115	Staehle weist ausdrücklich darauf hin, daß nur die *geplante* Entwicklung der Mitarbeiter als Personalentwicklung zu verstehen ist. Vgl. Staehle [Management], S. 804.
1162	Mentzel [Unternehmenssicherung], S. 15.
117	Vgl. Conradi [Personalentwicklung], insbes. S. 7 ff. Die Ausführungen der vorliegenden Arbeit beschränken sich im weiteren auf die Darstellung der Personalentwicklung als Instrument zur Qualifizierung der Mitarbeiter in fachlicher und sozialer Hinsicht. Das Problem, daß sich in Organisationen mit einer relativ geringen Zahl an Führungsebenen nur relativ wenige prestigeträchtige Aufstiegsmöglichkeiten ergeben, soll hier nicht weiter thematisiert werden.
118	Vgl. Schanz [Aspekte], S. 5.
119	Pawlowsky [Qualifikationsstrategien], S. 188.
120	Vgl. Lutz [Arbeitsmarktstruktur], S. 33 ff.
121	Siehe dazu auch die §§ 96-98 BetrVG (1972).
122	Vgl. Heymann/Seiwert [Personalentwicklung], S. 563 sowie Gaugler [Flexibilisierung], S. 17.
123	Rommel et al. [Unternehmenskonzept], S. 180.
124	Thom [Personalentwicklung], Sp. 1678. Dieser angestrebte flexible Einsatz von Mitarbeitern muß dabei keineswegs den Interessen der Beschäftigten zuwiderlaufen. Eine weitgehende Flexibilität beim Arbeitskräfteeinsatz mit einer entsprechend umfangreichen Qualifizierung kann nämlich auch dazu beitragen, daß die Mitarbeiter ihre persönlichen Ziele nach Individualisierung der Arbeitsbedingungen und nach Entfaltung ihrer Persönlichkeit bei der Ausübung der Arbeit erreichen können. Vgl. dazu bspw. Hentze [Grundlagen], S. 321 sowie Schanz [Flexibilisierung], S. 290 ff.
125	Neben unternehmungs- und mitarbeiterorientierten Zielen der Personalentwicklung existiert noch eine dritte, *gesellschaftsbezogene* Zielkategorie. Sie

Anmerkungen 159

bezieht sich vor allem auf eine generelle Humanisierung der Arbeitswelt. Vgl. dazu bspw. Kuhnle [Unternehmen], S. 203. Diese allgemein gesellschaftsorientierten Ziele spielen jedoch für die Mitarbeiterführung in schlanken Unternehmungen keine nennenswerte Rolle.

[126] Vgl. Deppe [Potentiale], S. 45.

[127] Zur Systematik von unterschiedlichen Personalentwicklungs-Maßnahmen vgl. Conradi [Personalentwicklung], S. 37 ff.

[128] Vgl. Heeg/Münch [Handbuch], S. 357 ff. sowie Schneider [Lean-Philosophie], S. 383.

[129] Die Job-Rotation beruht auf der Erkenntnis, daß man die inneren Wirkungszusammenhänge und die Funktionsweise einer Unternehmung nur dann verstehen kann, wenn man die unterschiedlichen Unternehmungsaktivitäten wirklich kennt. Vgl. dazu Probst [Organisation], S. 511.

[130] Vgl. Griepenkerl [Personalführung], S. 17 f.

[131] Vgl. Probst [Organistion], S. 511 ff.

[132] Vgl. Pawlowsky [Qualifizierungsstrategien], S. 196.

[133] Vgl. Steinmann/Schreyögg [Management], S. 449 f. sowie Wolfe/Kolb [Experiential Learning], S. 150 ff.

[134] Bower/Hilgard [Theorien], S. 31.

[135] Vgl. Newell/Simon [Problem Solving], S. 72.

[136] Vgl. Ständel [Problemlösen], S. 537.

[137] Vgl. Steinmann/Schreyögg [Management], S. 448.

[138] Vgl. Staehle [Management], S. 845.

[139] Allerdings ist ein gewisses Mindestmaß an fachlichen Qualifikationen wie auch an Problemlösefähigkeiten in solchen Situationen unerläßlich.

[140] Große-Oetringhaus [Sozialkompetenz], S. 275.

[141] Vgl. Große-Oetringhaus [Sozialkompetenz], S. 275 sowie Gaugler [Flexibilisierung], S. 23.

[142] Von dieser Meinung weicht Gagné ab, indem er den Begriff des Organismus ausdrücklich nur für lebende Wesen benutzt wissen will. Vgl. Gagné [Learning], S. 5.

[143] Vgl. Kirsch [Unternehmenspolitik], S. 500.

[144] Vgl. Pawlowsky [Qualifizierungsstrategien], S. 202 f.

[145] Vgl. Probst [Organisation], S. 466 ff., hier insbes. S. 471.

[146] Steinmann/Schreyögg [Management], S. 445.

[147] Vgl. dazu auch Kirsch [Unternehmenspolitik], S. 500 ff.

[148] Vgl. Reber [Lernen], Sp. 1240.

[149] Vgl. Pawlowsky [Qualifikationsstrategien], S. 200.

[150] Vgl. Kirsch [Unternehmenspolitik], S. 503.

151	Daneben ist eine entsprechende Organisationsstruktur erforderlich, die die Transformation von individuellem in kollektives Wissen zuläßt bzw. aktiv unterstützt.
152	Für die Organisation einer schlanken Unternehmung bedeutet dies, daß sie sich in einer fortwährenden, inkrementalen Entwicklung befinden muß, um starren und damit inflexiblen Strukturen entgegenzuwirken. Dieser Gedanke beruht auf der sogenannten Zeltorganisation, die bewußt Veränderungen und Lernen in Unternehmungen durch unscharf formulierte formelle Organisationsstrukturen fördert. Vgl. dazu Hedberg [Tents], S. 13 ff. Probst verweist ergänzend zu Hedberg darauf, daß Organisationsstrukturen nicht nur veränderbar, sondern in gewissem Umfang auch stabil sein müssen, wollen sie einen Beitrag zur Bewältigung diskontinuierlicher Umweltentwicklungen – und damit auch einen Beitrag zu organisationalem Lernen – leisten. Vgl. dazu Probst [Organisation], S. 579 ff.
153	Zu den nachfolgenden Aussagen vgl. Morgan [Images], S. 91 f. sowie Hedberg [Tents], S. 13 ff.
154	Zu den Implikationen für das Personalmanagement vgl. Pawlowsky [Qualifikationsstrategien], S. 226 ff.
155	Siehe dazu die 1938 in Cambridge (Massachusetts) erschienene Veröffentlichung „The functions of the executive" von C. I. Barnard.
156	Siehe dazu das 1958 in New York erschienene Werk „Organizations" von J. G. March und H. A. Simon.
157	Berger/Bernhard-Mehlich [Entscheidungstheorie], S. 130.
158	Vgl. dazu auch die Ausführungen zur sogenannten Koalitionstheorie, insbes. bei Cyert/March [Theory].
159	Vgl. Staehle [Management], S. 399.
160	Vgl. Kupsch/Marr [Personalwirtschaft], S. 745. Schein geht über den bloßen Vergleich von Anreizen und Beiträgen hinaus, indem er explizit Erwartungen über die jeweiligen Leistungen, die sowohl die Organisation als auch die in ihr beschäftigten Individuen zu erbringen haben, formuliert. Gegenstand dieser wechselseitigen Erwartungen, die er als „psychologischen Vertrag" bezeichnet, sind von Seiten der Organisation die von den Mitarbeitern geforderten Qualifikationen und Verhaltensweisen, seitens der Mitarbeiter die Arbeitsbedingungen und Ausgleichszahlungen im weitesten Sinne. Vgl. dazu Schein [Organisationspsychologie], S. 23 ff.
161	Vgl. March/Simon [Organizations], S. 86.
162	Vgl. Berger/Bernhard-Mehlich [Entscheidungstheorie], S. 131 sowie March/Simon [Organizations], S. 83.
163	Vgl. March/Simon [Organizations], S. 84 f.
164	Schein identifizierte die Motivierung von Menschen als eines von zwei Hauptproblemen der organisatorischen Gestaltung. Vgl. dazu auch Schein [Organisationspsychologie], S. 9 ff.
165	Drumm [Personalwirtschaftslehre], S. 328. Im weiteren postuliert Drumm, daß das Vorhandensein der von Herzberg beschriebenen Hygiene-Faktoren

Anmerkungen

lediglich zum Verbleib in einer Organisation verantwortlich ist, daß aber erst ein befriedigendes Ausmaß an Motivatoren dazu in der Lage ist, die individuelle Motivation zur Erbringung eines Leistungsbeitrages zu erhöhen. Vgl. dazu Drumm [Personalwirtschaftslehre], S. 339 sowie Kap. 4.2.2 lit. b) der vorliegenden Arbeit. Folgt man diesen Aussagen, so müssen sich wirkungsvolle Anreizsysteme in erster Linie auf die Bereitstellung eines hinreichenden Maßes an Motivatoren konzentrieren.

[166] Drumm [Personalwirtschaftslehre], S. 395.

[167] Vgl. Drumm [Personalwirtschaftslehre], S. 325.

[168] Vgl. Hentze [Personalerhaltung], S. 63.

[169] Insofern kann die Wirkung von Anreizsystemen mit Hilfe eines S-O-R-Modells erklärt werden, in dem die Anreize als Stimuli kognitive und motivationale Reaktionen der Mitarbeiter hervorrufen und die – als Reaktion – auf einen verbesserten Leistungsbeitrag dieser Mitarbeiter abzielen. Vgl. dazu Reber [Anreizsysteme], Sp. 79 f.

[170] Siehe dazu Kap. 4.3.2 dieser Arbeit.

[171] Vgl. Kupsch/Marr [Personalwirtschaft], S. 750 ff.

[172] Vgl. Drumm [Personalwirtschaftslehre], S. 395 ff.

[173] Zu den nachfolgenden Aussagen vgl. Schanz [Grundlagen], S. 6.

[174] Vgl. Weinert [Anreizsysteme], Sp. 123 f.

[175] Vgl. Schanz [Grundlagen], S. 6 f.

[176] Reiß [Personalführung], S. 184.

[177] Vgl. Schanz [Grundlagen], S. 13.

[178] Vgl. z. B. Kupsch/Marr [Personalwirtschaft], S. 815.

[179] Siehe dazu Kap. 4.2 dieser Arbeit.

[180] Vgl. Schneider [Motivierung], S. 39.

[181] Vgl. Griepenkerl [Personalführung], S. 19.

[182] Vgl. Reiß [Schlanke Produktion], S. 459.

[183] Vgl. Hentze/Kammel [Aspekte], S. 327.

[184] Vgl. Reiß [Schlanke Produktion], S. 459 f.

[185] Vgl. Breucker [Lean production], S. 567, Ulich/Conrad-Betschart [Anreizwirkungen], S. 78 ff., Reiß [Personalführung], S. 184. sowie zur Problematik qualifikationsorientierter Entlohnungssysteme v. Eckardstein [Qualifiaktion], S. 1 ff.

[186] Zu den nachfolgenden Aussagen vgl. Schneider [Motivierung], S. 39 f. und Griepenkerl [Personalführung], S. 14 ff.

[187] Allerdings ist die Umstellung von materiellen auf immaterielle Anreize häufig mit (hohen) Kosten, vor allem mit Reorganisationskosten, verbunden. Somit ist vor allem in der Umstellungsphase eher mit einer Kostenbe- denn mit einer -entlastung zu rechnen.

[188] Vgl. Schneider [Motivierung], S. 40.

Anmerkungen zu Kapitel 6:

[1] Vgl. Reiß [Personalführung], S. 189 ff.
[2] Siehe dazu Adam Opel [Opel-Produktionssystem], insbes. S. 6 ff.
[3] Siehe dazu Nissan [Fact File], S. 2.
[4] Vgl. dazu Adler/Cole [Learning], insbes. S. 85 ff.

Literaturverzeichnis

ADAM OPEL AG (Hrsg.): Das *Opel-Produktionssystem*. Rüsselsheim 1993.

ADLER, P. S. and R. E. COLE: Designed for *Learning*: A Tale of Two Auto Plants. In: Sloan Management Review, Vol. 34, Spring 1993, pp. 85-94.

AFFEMANN, R.: Der *Mensch* im Unternehmen – Stärken einer europäischen Führungskultur. In: VDI-Zentrum Wertanalyse (Hrsg.): Schlanke und effektive Unternehmung: Tagung Mannheim, 5. und 6. November 1992. Düsseldorf 1992, S. 1-18.

AL-BAGHDADI, W.: *Lean Management* aus ethischer Sicht: Der Mensch steht im Mittelpunkt. In: Personalführung, o. Jg., 12/1993, S. 1050-1054.

ANSOFF, H. I.: *Strategies* for Diversification. In: Harvard Business Review, Vol. 35, 9-10/1957, pp. 113-124.

ANTONI, M.: Menschliche *Arbeit*: Grundbedürfnis oder fremdgesetzte Norm? Konsequenzen für die Personalentwicklung. In: Riekhof, H.-C. (Hrsg.): Strategien der Personalentwicklung. 2. Aufl., Wiesbaden 1989, S. 23-46.

ARGYRIS, C. and D. SCHÖN: Organizational *Learning*: A theory of action perspective. Reading, MA. 1978.

AUGUSTIN, S.: Große Taten in kleinen Schritten. Mit *Kaizen* zum schlanken Unternehmen. In: Beschaffung aktuell, o. Jg., 8/1992, S. 20-23.

BARNARD, C. I.: The *Functions* of the executive. Cambridge, MA. 1938.

BAUMGARTEN, R.: *Führungsstile* und Führungstechniken. Berlin – New York 1977.

BEA, F. X., E. DICHTL und M. SCHWEITZER (Hrsg.): Allgemeine Betriebswirtschaftslehre. Band 2: *Führung*. 6. Aufl., Stuttgart 1993.

BECHTHOLD, H. und H.-E. MÜLLER: Von *Japan* lernen, heißt siegen lernen? oder: was bringt uns Lean Production? In: Die Mitbestimmung, 38. Jg., 4/1992, S. 35-38.

BEERMANN, L. und M. STENGEL: *Werthaltungen* zu Arbeit, Freizeit und Organisationen bei Angestellten in den USA und der Bundesrepublik Deutschland. In: Klages, H., H.-J. Hippler und W. Herbert (Hrsg.): Werte und Wandel: Ergebnisse und Methoden einer Forschungstradition. Frankfurt am Main – New York 1992, S. 373-400.

BENDIXEN, P.: Teamorientierte *Organisationsformen*. In: Grochla, E. (Hrsg.): Handwörterbuch der Organisation. 2. Aufl., Stuttgart 1980, Sp. 2227-2236.

BENNIS, W. G. und B. NANUS: *Führungskräfte*: Die vier Schlüsselstrategien erfolgreichen Führens. Frankfurt am Main – New York 1985.

BERGER, U. und I. BERNHARD-MEHLICH: Die Verhaltenswissenschaftliche *Entscheidungstheorie*. In: Kieser, A. (Hrsg.): Organisationstheorien. Stuttgart – Berlin – Köln 1993, S. 127-159.

BERGGREN, C.: Nummi vs. *Uddevalla*. In: Sloan Management Review, Vol. 35, Winter 1994, pp. 37-49.

BERTHEL, J.: *Personal-Management*: Grundzüge für Konzeptionen betrieblicher Personalarbeit. 3. Aufl., Stuttgart 1991.

BIHL, G.: Von der *Mitbestimmung* zur Selbstbestimmung: Das skandinavische Modell der selbststeuernden Gruppen. München 1973.

BIHL, G.: *Unternehmen* und Wertewandel: Wie lauten die Antworten für die Personalführung? In: Rosenstiel, L. v., H. E. Einsiedler und R. K. Streich (Hrsg.): Wertewandel als Herausforderung für die Unternehmenspolitik. Stuttgart 1987, S. 53-61.

BIHL, G.: Werteorientierte *Personalpolitik*. In: Personalführung, o. Jg., 11-12/1987, S. 768-785.

BITTNER, A. und B. REISCH: Wie japanisch ist die schlanke *Produktion*? In: io Management Zeitschrift, 62. Jg., 2/1993, S. 65-68.

BLEICHER, K.: *Chancen* für Europas Zukunft: Führung als internationaler Wettbewerbsfaktor. Frankfurt am Main – Wiesbaden 1989.

BLEICHER, K.: *Zukunftsperspektiven* organisatorischer Entwicklung: Von strukturellen zu human-zentrierten Ansätzen. In: Zeitschrift Führung + Organisation, 59. Jg., 3/1990, S. 152-161.

BLEICHER, K.: Das *Konzept* Integriertes Management. 2. Aufl., Frankfurt am Main – New York 1992.

BLEICHER, K.: *Change Management* – Das Prinzip Vertrauen als neue Herausforderung. In: Burckhardt, W. (Hrsg.): Schlank, intelligent und schnell: So führen Sie Ihr Unternehmen zur Hochleistung. Wiesbaden 1992, S. 185-205.

BLEICHER, K.: *Führung*. In: Wittmann, W. et al. (Hrsg.): Handwörterbuch der Betriebswirtschaft. Teilband 1. 5. Aufl., Stuttgart 1993, Sp. 1270-1284.

BÖSENBERG, D. und H. METZEN: *Lean Management*: Vorsprung durch schlanke Konzepte. Landsberg am Lech 1992.

BOGASCHEWSKY, R.: Lean Production: *Patentrezept* für westliche Unternehmen? In: Zeitschrift für Planung, 3. Jg., 4/1992, S. 275-298.

BOWER, G. H. und E. R. HILGARD: *Theorien* des Lernens. Band 1. 5. Aufl., Stuttgart 1983.

BREUCKER, N.: *Lean production* – eine Chance für die Personalentwicklung? In: Personalführung, o. Jg., 7/1992, S. 565-569.

BÜHNER, R.: *Diversifikation*. In: Wittmann, W. et al. (Hrsg.): Handwörterbuch der Betriebswirtschaft. Teilband 1. 5. Aufl., Stuttgart 1993, Sp. 806-820.

BÜHRLEN, H.: *Kommunikationspolitik*. In: Management-Enzyklopädie: Das Managementwissen unserer Zeit. Band 5. 2. Aufl., Landsberg am Lech 1983, S. 381-393.

BULLINGER, H.-J. und J. NIEMEIER: Was kommt nach *Lean Production*? In: Scheer, A.-W. (Hrsg.): Rechnungswesen und EDV: 13. Saarbrücker Arbeitstagung 1992. Heidelberg 1992, S. 152-172.

BULLINGER, H.-J. und G. WASSERLOOS: Innovative *Unternehmensstrukturen*. Paradigmen des schlanken Unternehmens. In: Office Management, 40. Jg., 1-2/1992, S. 6-14.

BURKHARDT, K. und O. SAGER: *Lean Production* – auch in Dienstleistungsbetrieben. In: io Management Zeitschrift, 62. Jg., 2/1993, S. 69-72.

CONRADI, W.: *Personalentwicklung*. Stuttgart 1983.

CORNELSSEN, I.: *Abschied* vom Laster. In: Management Wissen, o. Jg., 10/1991, S. 47-50.

CYERT, R. M. and J. G. MARCH: A Behavioral *Theory* of the Firm. Englewood Cliffs, NJ. 1963.

DAIMLER-BENZ AG (Hrsg.): Das Geschäftsjahr *1987*. Geschäftsbericht. Stuttgart 1988.

DAUM, M. und U. PIEPEL: Lean Production – *Philosophie* und Realität. In: io Management Zeitschrift, 61. Jg., 1/1992, S. 40-47.

DAUM, M. und U. PIEPEL: Lean Production – *Übertragung* auf andere Branchen. In: io Management Zeitschrift, 61. Jg., 7-8/1992, S. 64-67.

DEPPE, J.: Personalwirtschaftliche *Aspekte* des Lean Management: Ungenutze Potentiale fördern. In: Gablers Magazin, 7. Jg., 8/1993, S. 43-47.

DICHTL, E.: *Orientierungspunkte* für die Festlegung der Fertigungstiefe. In: Wirtschaftswissenschaftliches Studium, 20. Jg., 2/1991, S. 54-59.

DÖRNER, D.: Über die *Schwierigkeiten* menschlichen Umgangs mit Komplexität. In: Psychologische Rundschau, 32. Jg., 3/1981, S. 163-179.

DOHSE, K., U. JÜRGENS und T. MALSCH: Vom „Fordismus" zum „Toyotismus"? Die *Organisation* der industriellen Arbeit in der japanischen Automobilindustrie. In: Leviathan, 12. Jg., 4/1984, S. 448-477.

DRUMM, H. J.: *Personalwirtschaftslehre*. 2. Aufl., Heidelberg 1992.

ECKARDSTEIN, D. V. ET AL.: Die *Qualifikation* der Arbeitnehmer in neuen Entlohnungsmodellen: Zur Funktion von Modellen des Qualifikationslohns in personalwirtschaftlichen und gewerkschaftlichen Strategien. Frankfurt am Main et al. 1988.

EIFF, W. v.: *Organisations-Wertanalyse*: Wettbewerbsfähigkeit und Wirtschaftlichkeit durch Lean-Organization-Management. Vieselbach – Erfurt 1992.

EISELE, W.: Das *Rechnungswesen* als Informationssystem. In: Bea, F. X., E. Dichtl und M. Schweitzer (Hrsg.): Allgemeine Betriebswirtschaftslehre. Band 2: Führung. 6. Aufl., Stuttgart 1993, S. 290-301.

EMDE, H.: *Lean-Organisation*. In: Dorn, B. (Hrsg.): Unternehmensprinzip Offenheit: Grundlagen für offene Organisationen und Kooperationen. Bonn et al. 1993, S. 141-151.

EMERY, F. and E. THORSRUD: *Democracy* at work. The report of the Norwegian industrial democracy program. Leiden 1976.

ETZIONI, A.: *Soziologie* der Organisationen. 5. Aufl., München 1978.

FAUTH, W.: Praktische *Personalarbeit* als strategische Aufgabe: Grundlagen, Konzepte, Checklisten. Wiesbaden 1991.

FIEDLER, F. E. and M. M. CHEMERS: *Leadership* and Effective Management. Glenview, IL. 1974.

FIEDLER, F. E., M. M. CHEMERS und L. MAHAR: Der Weg zum *Führungserfolg*: Ein Selbsthilfeprogramm für Führungskräfte. Stuttgart 1979.

FIETEN, R.: *Strategien* erfolgreicher Zulieferung im internationalen Wettbewerb. In: Beschaffung aktuell, o. Jg., 7/1991, S. 20-24.

FIETEN, R.: Lean Production („Schlanke Produktion") – *Schlagwort* oder neue Konzeption? In: Beschaffung aktuell, o. Jg., 9/1991, S. 16-17.

FIETEN, R.: Von Lean Production zum Europäischen Lean Management: *Kopieren* wäre zu einfach. In: Beschaffung aktuell, o. Jg., 3/1992, S. 58-63.

FLEISHMAN, E. A. and E. F. HARRIS: *Patterns* of leadership behavior related to employee grievances and turnover. In: Personnel Psychology, Vol. 15, 1962, pp. 43-56.

FRACKMANN, M. und K. LEHMKUHL: *Weiterbildung* für Lean Production. In: WSI Mitteilungen, 46. Jg., 2/1993, S. 61-69.

FRESE, E.: *Organisationstheorie*: Historische Entwicklung, Ansätze, Perspektiven. 2. Aufl., Wiesbaden 1992.

FRESE, E.: *Grundlagen* der Organisation: Konzept – Prinzipien – Strukturen. 5. Aufl., Wiesbaden 1993.

FRIEDRICH, A.: *Lean Management* – Chance oder Alptraum? In: Personal, 44. Jg., 12/1992, S. 573-577.

FRIEDRICH, A.: *Personalarbeit* als Erfolgsfaktor im Lean-Management. In: Personal, 45. Jg., 3/1993, S. 104-106.

FRITZ, W., F. FÖRSTER, K.-P. WIEDMANN und H. RAFFÉE: Unternehmensziele und strategische *Unternehmensführung*. In: Die Betriebswirtschaft, 48. Jg., 5/1988, S. 567-586.

FUCHS, J.: Vom *Taylorismus* zum Organismus – wie Unternehmen leben lernen. In: IBM Nachrichten, 42. Jg., Heft 308, Stuttgart 1992, S. 14-23.

GAGNÉ, R. M.: Essentials of *Learning* for Instruction. Hinsdale, IL. 1975.

GAITANIDES, M.: *Ablauforganisation*. In: Frese, E. (Hrsg.): Handwörterbuch der Organisation. 3. Aufl., Stuttgart 1992, Sp. 1-18.

GAUGLER, E.: *Flexibilisierung* des Arbeitskräfteeinsatzes. In: Weber, W. (Hrsg.): Personal-Management: Beiträge zum Personal-Management Kongreß 1984 an der Wirtschaftsuniversität Wien. Wien 1985, S. 15-29.

GAUGLER, E.: *Information* als Führungsaufgabe. In: Kieser, A., G. Reber und R. Wunderer (Hrsg.): Handwörterbuch der Führung. Stuttgart 1987, Sp. 1127-1137.

GÖTZ, K.: *Lean-Management* und Value-Management – zwei ungleiche Geschwister. In: VDI-Zentrum Wertanalyse (Hrsg.): Schlanke und effektive Unternehmung: Tagung Mannheim, 5. und 6. November 1992. Düsseldorf 1992, S. 165-180.

GOMEZ, P.: *Wertmanagement*: Vernetzte Strategien für Unternehmen im Wandel. Düsseldorf – Wien – New York – Moskau 1993.

GOMEZ, P. und G. J. B. PROBST: Vernetztes *Denken* im Management. Eine Methodik des ganzheitlichen Problemlösens. In: Die Orientierung, o. Jg., Nr. 89, Bern 1987.

GOMEZ, P. und T. ZIMMERMANN: *Unternehmensorganisation*: Profile, Dynamik, Methodik. 2. Aufl., Frankfurt am Main – New York 1993.

GOTTSCHALL, D.: *Wertanalyse*: Die Suche nach dem Gleichgewicht. In: Manager Magazin, 13. Jg., 10/1983, S. 130-137.

GOTTSCHALL, D.: *Lean Production* – schneller, besser, billiger? In: Psychologie heute, 19. Jg., 9/1992, S. 56-63.

GRIEPENKERL, H.: Was uns japanische *Personalführung* lehrt. In: Harvardmanager, 12. Jg., 1/1990, S. 14-20.

GROCHLA, E.: *Unternehmungsorganisation*: Neue Ansätze und Konzeptionen. Reinbek bei Hamburg 1972.

GROOTHUIS, U.: Wie eine *Zitrone*. In: Wirtschaftswoche, 47. Jg., 51/1993, S. 52-60.

GROSSE-OETRINGHAUS, W. F.: *Sozialkompetenz* – ein neues Anspruchsniveau für die Personalpoloitik. In: Zeitschrift für betriebswirtschaftliche Forschung, 45. Jg., 3/1993, S. 270-295.

GROTH, U. und A. KAMMEL: *Lean Management*: Langfristige Zusammenarbeit von Herstellern und Zulieferern. In: io Management Zeitschrift, 62. Jg., 3/1993, S. 71-75.

GUTENBERG, E.: Grundlagen der *Betriebswirtschaftslehre*. Bd. 1: Die Produktion. 22. Aufl., Berlin – Heidelberg – New York 1976.

HANSELMANN, S.: *Wertewandel* bei Führungskräften und Führungsnachwuchs: Zur Entwicklung einer wertorientierten Unternehmensgestaltung. In: Wirtschaftswissenschaftliches Studium, 21. Jg., 4/1992, S. 197-200.

HARMON, R. L.: Das *Management* der neuen Fabrik: Lean production in der Praxis. Frankfurt am Main – New York 1993.

HARTMANN, H.: Der *Make-or-Buy-Entscheid*. In: io Management Zeitschrift, 57. Jg., 10/1988, S. 463-465.

HAUSER, R.: *Phoenix* ins Nichts. In: Management Wissen, o. Jg., 12/1991, S. 72-78.

HAYES, R. H. and G. P. PISANO: Beyond *World-Class*: The New Manufacturing Strategy. In: Harvard Business Review, Vol. 72, 1/1994, pp. 77-86.

HEDBERG, B.: Organizations as *tents* – Über die Schwierigkeiten, Organisationsstrukturen flexibel zu gestalten. In: Hinterhuber, H. und S. Laske (Hrsg.): Zukunftsorientierte Unternehmungspolitik. Freiburg im Breisgau 1984, S. 13-47.

HEEG, F. J. und J. MÜNCH (Hrsg.): *Handbuch* Personal- und Organisationsentwicklung. Stuttgart – Dresden 1993.

HEINRICH, L. J.: *Informationsmanagement*. In: Wittmann, W. et al. (Hrsg.): Handwörterbuch der Betriebswirtschaft. Teilband 2. 5. Aufl., Stuttgart 1993, Sp. 1749-1759.

HENTZE, J.: Personalwirtschaftslehre. Band 1: *Grundlagen*, Personalbedarfsermittlung, -beschaffung, -entwicklung und -einsatz. 5. Aufl., Bern – Stuttgart 1991.

HENTZE, J.: Personalwirtschaftslehre. Band 2: *Personalerhaltung* und Leistungsstimulation, Personalfreistellung und Personalinformationswirtschaft. 5. Aufl., Bern – Stuttgart 1991.

HENTZE, J. und A. KAMMEL: *Lean Production*: Personalwirtschaftliche Aspekte der „schlanken" Unternehmung. In: Die Unternehmung, 46. Jg., 5/1992, S. 319-331.

HENTZE, J. und A. KAMMEL: *Implementing* Lean Production Systems at German Automobile Manufacturers: An Exploratory Study. In: Zeitschrift für Planung, 5. Jg., 1/1994, S. 39-48.

HERZBERG, F.: Was *Mitarbeiter* in Schwung bringt. In: Harvard manager, 10. Jg., 2/1988, S. 42-54.

HERZBERG, F., B. MAUSNER and B. B. SNYDERMAN: The *Motivation* to Work. 2nd ed., New York – London – Sydney 1959.

HEYMANN, H.-H. und L. J. SEIWERT: *Personalentwicklung*. In: Management-Enzyklopädie: Das Wissen unserer Zeit. Band 7. 2. Aufl., Landsberg am Lech 1984, S. 562-574.

HILL, W., R. FEHLBAUM und P. ULRICH: Organisationslehre. Band 1: *Ziele*, Instrumente und Bedingungen der Organisation sozialer Systeme. 5. Aufl., Bern – Stuttgart – Wien 1994.

HILL, W., R. FEHLBAUM und P. ULRICH: Organisationslehre. Band 2: Theoretische *Ansätze* und praktische Methoden der Organisation sozialer Systeme. 4. Aufl., Bern – Stuttgart 1992.

HIRSCHBACH, O.: *Menschen* für Leistung begeistern: Japanischer Erfolg – europäisches Versagen? In: Beschaffung aktuell, o. Jg., 12/1992, S. 33-37.

HIRZEL, M.: *Lean Management* muß in den Köpfen der Manager beginnen. In: io Management Zeitschrift, 62. Jg., 2/1993, S. 73-77.

HOFSTÄTTER, P. R.: *Gruppendynamik*: Kritik der Massenpsychologie. 3. Aufl., Reinbek bei Hamburg, 1986.

IMAI, M.: *Kaizen* – The Key to Japan's Competitive Success. New York et al. 1986.

INGLEHART, R.: The Silent *Revolution* in Europe. Intergenerational Change in Postindustrial Societies. In: American Political Science Review, Vol. 65, 1971, pp. 991-1017.

INGLEHART, R.: Kultureller *Umbruch*: Wertwandel in der westlichen Welt. Frankfurt am Main – New York 1989.

INOHARA, H.: Human Resource *Development* in Japanese Companies. Tokyo 1990.

IRLE, M.: *Kommunikation* in Organisationen. In: Hoyos, C. Graf et al. (Hrsg.): Grundbegriffe der Wirtschaftspsychologie: Gesamtwirtschaft, Markt, Organisation, Arbeit. München 1980, S. 378-385.

JEHLE, E.: Wertanalyse: Ein *System* zum Lösen komplexer Probleme. In: Wirtschaftswissenschaftliches Studium, 20. Jg., 6/1991, S. 287-294.

JEHLE, E.: *Wertanalyse*. In: Wittmann, W. et al. (Hrsg.): Handwörterbuch der Betriebswirtschaft. Teilband 3. 5. Aufl. 1993, Sp. 4648-4659.

JONES, D. T.: Sureley There is a Better *Way* of Selling Cars? In: Marketing & Research Today, Vol. 19, 2/1991, pp. 87-92.

JONES, D. T.: „Mager" is beautiful – Japaner auf Erfolgskurs. *Lean-Production* – Produktionsstrategie der neunziger Jahre. In: Technische Rundschau, 83. Jg., 38/1991, S. 40-50.

JUNG, H. F.: *Kaizen* – ein Konzept des mitarbeiterorientierten Managements. In: Personal, 45. Jg., 8/1993, S. 359-363.

JUNGMANN, E. J.: *Lean Production* – neue Konzepte zur Produktivitätssteigerung. In: Burckhardt, W. (Hrsg.): Schlank, intelligent und schnell: So führen Sie Ihr Unternehmen zur Hochleistung. Wiesbaden 1992, S. 155-171.

KAMMEL, A. und U. GROTH: *Lean Production*. Forcierung des Teamkonzeptes im „schlanken Unternehmen". In: Personal, 44. Jg., 11/1992, S. 510-515.

KAPPLER, E.: Nicht *Ursachen*, sondern Bedingungen von Konflikten erforschen! In: Gablers Magazin, 1. Jg., 7/1987, S. 18-22.

KERN, W.: Industrielle *Produktionswirtschaft*. 4. Aufl., Stuttgart 1990.

KIESER, A.: *Managementlehre* und Taylorismus. In: Ders. (Hrsg.): Organisationstheorie. Stuttgart – Berlin – Köln 1993, S. 63-94.

KIESER, A. und H. KUBICEK: *Organisation*. 3. Aufl., Berlin – New York 1992.

KIESER, A., G. REBER und R. WUNDERER (Hrsg.): Handwörterbuch der *Führung*. Stuttgart 1987.

KIRSCH, W.: *Unternehmenspolitik* und strategische Unternehmensführung. München 1990.

KISTNER, K.-P. und M. STEVEN: Neuere *Entwicklungen* in Produktionsplanung und Fertigungstechnik. In: Wirtschaftswissenschaftliches Studium, 20. Jg., 1/1991, S. 11-17.

KLAGES, H.: Die gegenwärtige Situation der Wert- und *Wertwandelforschung* – Probleme und Perspektiven. In: Klages, H., H.-J. Hippler und W. Herbert (Hrsg.): Werte und Wandel: Ergebnisse und Methoden einer Forschungstradition. Frankfurt am Main – New York 1992, S. 5-39.

KLEINBECK, U. und H.-H. QUAST: *Motivation*. In: Frese, E. (Hrsg.): Handwörterbuch der Organisation. 3. Aufl., Stuttgart 1992, Sp. 1420-1434.

KÖNIGSWIESER, R.: *Konflikthandhabung*. In: Kieser, A., G. Reber und R. Wunderer (Hrsg.): Handwörterbuch der Führung. Stuttgart 1987, Sp. 1240-1246.

KRAFCIK, J. F.: *Triumph* of the Lean Production System. In: Sloan Management Review, Vol 30, Fall 1988, pp. 41-52.

KUHNLE, H.: Wie arbeiten moderne *Unternehmen*? Wiesbaden 1987.

KUMMETSTEINER, W.: Die *Hochleistungsfabrik* – das schlanke Geheimnis der „Hidden Champions". In: Burckhardt, W. (Hrsg.): Schlank, intelligent und schnell: So führen Sie Ihr Unternehmen zur Hochleistung. Wiesbaden 1992, S. 73-101.

KUPSCH, P. U. und R. MARR: *Personalwirtschaft*. In: Heinen, E. (Hrsg.): Industriebetriebslehre: Entscheidungen im Industriebetrieb. 9. Aufl., Wiesbaden 1991, S. 729-894.

LATTMANN, C.: Die verhaltenswissenschaftlichen Grundlagen der *Führung* des Mitarbeiters. Bern – Stuttgart 1982.

LAWLER, E. E.: *Motivierung* in Organisationen. Bern – Stuttgart 1977.

LAWRENCE, P. R. and J. W. LORSCH: *Organizations* and Environment: Managing Differentiation and Integration. Boston, MA. 1967.

LUTZ, B.: *Arbeitsmarktstruktur* und betriebliche Arbeitskräftestrategie. Frankfurt am Main – New York 1987.

MACHARZINA, K.: Aussagegehalt neuerer *Führungsmodelle* – Kritische Bestandsaufnahme vorhandener Ansätze und Überprüfung der Aussagefähigkeit einiger motivationspsychologischer Modelle. In: Reber, G. (Hrsg.): Personal- und Sozialorientierung der Betriebswirtschaftslehre. Band 1. Stuttgart 1977.

MACHARZINA, K.: *Führungstheorien* und Führungssysteme. In: Macharzina, K. und W. A. Oechsler (Hrsg.): Personalmanagement. Band 1: Mitarbeiterführung und Führungsorganisation. Wiesbaden 1977, S. 19-54.

MACHARZINA, K.: *Bedeutung* und Notwendigkeit des Diskontinuitätenmanagements bei internationaler Unternehmenstätigkeit. In: Ders. (Hrsg.): Diskontinuitätenmanagement: Strategische Bewältigung von Strukturbrüchen bei internationaler Unternehmenstätigkeit. Berlin 1984, S. 1-18.

MACHARZINA, K.: *Kommunikationspolitik* und Führung. In: Kieser, A., G. Reber und R. Wunderer (Hrsg.): Handwörterbuch der Führung. Stuttgart 1987, Sp. 1210-1221.

MACHARZINA, K.: *Informationspolitik*: Unternehmenskommunikation als Instrument erfolgreicher Führung. Wiesbaden 1990.

MACHARZINA, K.: *Leistungsmotivation* in der Krise? In: IBM Nachrichten, 40. Jg., Heft 303, Stuttgart 1990, S. 7-15.

MACHARZINA, K.: *Unternehmensführung*: Das internationale Managementwissen. Wiesbaden 1993.

MACHARZINA, K. und K. DEDLER: Ökonomische *Analyse* der internen Informationspolitik der Unternehmung. Betriebswirtschaftliche Diskussionsbeiträge Nr. 21 der Universität Hohenheim. Stuttgart 1986.

MALIK, F.: *Management-Systeme*. In: Die Orientierung, o. Jg., Nr. 78, 3. Aufl., Bern 1987.

MALIK, F.: *Strategie* des Managements komplexer Systeme: Ein Beitrag zur Management-Kybernetik evolutionärer Systeme. 4. Aufl., Bern – Stuttgart – Wien 1992.

MARCH, J. G. and H. A. SIMON: *Organizations*. New York – London – Sydney 1958.

MARR, R. und M. STITZEL: *Personalwirtschaft*: Ein konfliktorientierter Ansatz. München 1979.

MASLOW, A. H.: Motivation und *Persönlichkeit*. Reinbek bei Hamburg 1981.

MCCLELLAND, D. C.: *Motivation* und Kultur. Bern 1967.

MEISER, M., D. WAGNER und E. ZANDER: *Personal* und neue Technologien: Organisatorische Auswirkungen und personalwirtschaftliche Konsequenzen. München – Wien 1991.

MEISTER, H.: *Organisation* des Lean Management. In: Zeitschrift Führung + Organisation, 62. Jg., 1/1993, S. 6-8.

MENTZEL, W.: *Unternehmenssicherung* durch Personalentwicklung: Mitarbeiter motivieren, fördern und weiterbilden. 5. Aufl., Freiburg im Breisgau 1992.

MILES, R. E.: *Theories* of management: Implications for organizational behavior and development. New York et al. 1975.

MORGAN, G.: *Images* of Organization. Newbury Park, CA. 1986.

NAKANE, Y.: Japanische Lean Production: Warum *Kaizen* Muda vermeidet. In: Beschaffung aktuell, o. Jg., 1/1993, S. 35-37.

NEWELL, A. and H. A. SIMON: Human *Problem Solving*. Englewood Cliffs, NJ. 1972.

NIEMEIER, J. und M. SCHÄFER: *Management* zwischen Kirschblüten-Club und Japan-Angst: Von der japanischen Herausforderung lernen. In: Gablers Magazin, 7. Jg., 4/1993, S. 17-22.

NIESCHLAG, R., E. DICHTL und H. HÖRSCHGEN: *Marketing*. 16. Aufl., Berlin 1991.

NISSAN MOTOR MANUFACTURING (UK) LTD. (ED.): *Fact File* 1994. Sunderland 1994.

Oechsler, W. A.: *Personal* und Arbeit: Einführung in die Personalwirtschaft unter Einbeziehung des Arbeitsrechts. 4. Aufl., München – Wien 1992.

Oechsler, W. A.: *Konflikt*. In: Frese, E. (Hrsg.): Handwörterbuch der Organisation. 3. Aufl., Stuttgart 1992, Sp. 1131-1143.

OPASCHOWSKI, H. W.: *Arbeit*, Freizeit, Lebenssinn?: Orientierung für eine Zukunft, die längst begonnen hat. Leverkusen 1983.

O. V.: *Leistungsmotivation*. In: Gabler Wirtschaftslexikon. Ungekürzte Taschenbuchausgabe. Band 4. 12. Aufl., Wiesbaden 1988, Sp. 104-105.

O. V.: *Fachstudie* Lean Management: Therapie an Leib und Seele. In: TopBusiness, o. Jg., 1/1994, S. 16-26.

PASCALE, R. T. and A. G. ATHOS: The Art of Japanese *Management*. New York 1981.

PAWLOWSKY, P.: Betriebliche *Qualifikationsstrategien* und organisationales Lernen. In: Staehle, W. und P. Conrad (Hrsg.): Managementforschung 2. Berlin – New York 1992, S. 177-237.

PETERS, T.: Jenseits der *Hierarchien*, Liberation Management. Düsseldorf – Wien – New York – Moskau 1993.

PETERS, T. und N. AUSTIN: *Leistung* aus Leidenschaft: Über Management und Führung. Hamburg 1993.

PETERS, T. and R. H. WATERMANN: In Search of *Excellence*. New York 1982.

PETERS, T. und R. H. WATERMANN: Auf der Suche nach *Spitzenleistungen*: Was man von den bestgeführten US-Unternehmen lernen kann. Landsberg am Lech 1983.

PFEIFFER, W. und E. WEISS: *Lean Management*: Grundlagen von Führung und Organisation industrieller Unternehmen. Berlin 1992.

PFEIFFER, W. und E. WEISS: *Philosophie* und Elemente des Lean Management. In: Corsten, H. und T. Will (Hrsg.): Lean Production: Schlanke Produktionsstrukturen als Erfolgsfaktor. Stuttgart – Berlin – Köln 1993, S. 15-45.

PICOT, A.: Ein neuer *Ansatz* zur Gestaltung der Leistungstiefe. In: Zeitschrift für betriebswirtschaftliche Forschung, 43. Jg., 4/1991, S. 336-357.

PIEPEL, U.: Wege zur *Übertragung* der Lean Production. In: io Management Zeitschrift, 62. Jg., 2/1993, S. 59-64.

POENSGEN, O. H.: *Kommunikation*. In: Handwörterbuch der Wirtschaftswissenschaften. Band 4. Stuttgart – Tübingen – Göttingen 1978, S. 466-477.

PORTER, M. E.: *Wettbewerbsvorteile*: Spitzenleistungen erreichen und behaupten. 3. Aufl., Frankfurt am Main – New York 1992.

PROBST, G. J. B.: *Regeln* des systematischen Denkens. In: Probst, G. J. B. und H. Siegwart (Hrsg.): Integriertes Management: Bausteine des systemortientierten Managements. Festschrift zum 65. Geburtstag von Hans Ulrich. Stuttgart 1985, S. 181-204.

PROBST, G. J. B.: *Organisation*: Strukturen, Lenkungsinstrumente und Entwicklungsperspektiven. Landsberg am Lech 1992.

PROBST, G. J. B.: *Selbstorganisation*. In: Frese, E. (Hrsg.): Handwörterbuch der Organisation. 3. Aufl., Stuttgart 1992, Sp. 2255-2269.

PROBST, G. J. B. und P. GOMEZ: Die *Methodik* des vernetzten Denkens zur Lösung komplexer Probleme. In: Dies. (Hrsg.): Vernetztes Denken: Ganzheitliches Führen in der Praxis. 2. Aufl., Wiesbaden 1991, S. 3-20.

REBER, G.: *Anreizsysteme*. In: Grochla, E. (Hrsg.): Handwörterbuch der Organisation. 2. Aufl., Stuttgart 1980, Sp. 78-86.

REBER, G.: *Führungstheorien*. In: Gaugler, E. und W. Weber (Hrsg.): Handwörterbuch des Personalwesens. 2. Aufl., Stuttgart 1992, Sp. 981-996.

REBER, G.: *Lernen*, organisationales. In: Frese, E. (Hrsg.): Handwörterbuch der Organisation. 3. Aufl., Stuttgart 1992, Sp. 1240-1255.

Literaturverzeichnis

REISS, M.: Mit Blut, Schweiß und Tränen zur schlanken *Organisation*. In: Harvardmanager, 12. Jg., 2/1992, S. 57-62.

REISS, M.: *Schlanke Produktion*: Primär Personalführung ist gefordert! In: Personalführung, o. Jg., 6/1992, S. 456-461.

REISS, M.: *Implementierung* integrierter Gruppenkonzepte – ein kritischer Erfolgsfaktor des Lean Management. In: Corsten, H. und T. Will (Hrsg.): Lean Production: Schlanke Produktionsstruktur als Erfolgsfaktor. Stuttgart – Berlin – Köln 1993, S. 107-134.

REISS, M.: Die Rolle der *Personalführung* im Lean Management. In: Zeitschrift für Personalforschung, 7. Jg., 2/1993, S. 171-194.

RODENSTOCK, R.: *Diversifikationsplanung*. In: Szyperski, N. (Hrsg.): Handwörterbuch der Planung. Stuttgart 1989, Sp. 296-304.

ROMMEL, G. et al.: Einfach überlegen: Das *Unternehmenskonzept*, das die Schlanken schlank und die Schnellen schnell macht. Stuttgart 1993.

ROSENSTIEL, L. v.: Die motivationalen *Grundlagen* des Verhaltens in Organisationen. Berlin 1975.

ROSENSTIEL, L. v.: *Wandel* in der Karrieremotivation – Verfall oder Neuorientierung? In: Rosenstiel, L. v., H. E. Einsiedler und R. K. Streich (Hrsg.): Wertewandel als Herausforderung für die Unternehmenspolitik. Stuttgart 1987, S. 35-52.

ROSENSTIEL, L. v.: *Motivationsmanagement*. In: Hofmann, M. und L. v. Rosenstiel (Hrsg.): Funktionale Managementlehre. Berlin – Heidelberg – New York 1988, S. 214-264.

ROSENSTIEL, L. v.: Grundlagen der *Organisationspsychologie*. 3. Aufl., Stuttgart 1992.

ROSENSTIEL, L. v.: Grundlagen der *Führung*. In: Rosenstiel, L. v., E. Regnet und M. Domsch (Hrsg.): Führung von Mitarbeitern: Handbuch für erfolgreiches Personalmanagement. 2. Aufl., Stuttgart 1993, S. 3-25.

ROSENSTIEL, L. v.: *Motivation* von Mitarbeitern. In: Rosenstiel, L. v., E. Regnet und M. Domsch (Hrsg.): Führung von Mitarbeitern: Handbuch für erfolgreiches Personalmanagement. 2. Aufl., Stuttgart 1993, S. 153-172.

RUDOLPH, H.: Westliche *Verhältnisse* berücksichtigen: Über die Komplexität von schlanker Produktion und Kaizen. In: Personalführung, o. Jg., 3/1993, S. 244-249.

RÜHLI, E.: Unternehmungsführung und *Unternehmungspolitik*. Band 1. 2. Aufl., Bern – Stuttgart 1985.

RÜHLI, E.: *Unternehmungsführung* und Unternehmungspolitik. Band 3. Bern – Stuttgart – Wien 1993.

SAYLES, L. R.: Managerial *Productivity* – What Is Fat and What Is Lean? In: Interfaces, Vol. 15, 3/1985, pp. 54-59.

SCHANZ, G.: Verhaltenswissenschaftliche *Aspekte* der Personalentwicklung. In: Riekhof, H.-C. (Hrsg.): Strategien der Personalentwicklung. 2. Aufl., Wiesbaden 1989, S. 3-31.

SCHANZ, G.: Motivationale *Grundlagen* der Gestaltung von Anreizsystemen. In: Schanz, G. (Hrsg.): Handbuch Anreizsysteme. Stuttgart 1991, S. 3-30.

SCHANZ, G.: *Flexibilisierung* und Individualisierung als strategische Elemente der Personalpolitik. In: Kienbaum, J. (Hrsg.): Visionäres Personalmanagement. 2. Aufl., Stuttgart 1994.

SCHEIN, E. H.: *Organisationspsychologie*. Wiesbaden 1980.

SCHERER, H.-P.: *Führung*: Dirigenten gefragt. In: Wirtschaftswoche, 46. Jg., 44/1992, S. 78-92.

SCHLOSSER, H. D.: Die *Unwörter* des Jahres 1993. In: Der Sprachdienst, o. Jg., 1/1994, S. 8-19.

SCHNECK, O.: Lexikon der *Betriebswirtschaft*: Über 2500 grundlegende und aktuelle Begriffe für Studium und Beruf. 2. Aufl., München 1994.

SCHNEIDER, D.: *Lean-Philosophie* und zwischenbetriebliche Arbeitsteilung – Aufgaben der Personalentwicklung. In: Personal, 45. Jg., 8/1993, S. 380-385.

SCHNEIDER, H.: Ein Stück Lean Management: *Motivierung* der Mitarbeiter zum Nulltarif. In: io Management Zeitschrift, 62. Jg., 3/1993, S. 37-40.

SCHOLZ, C.: *Personalmanagement*: Informationsorientierte und verhaltenstheoretische Grundlagen. 3. Aufl., München 1993.

SCHOLZ, C.: *Lean Management*. In: Wirtschaftswissenschaftliches Studium, 23. Jg., 4/1994, S. 180-186.

SCHONBERGER, R. J.: *Produktion* auf Weltniveau. 2. Aufl., Frankfurt am Main – New York 1991.

SCHULZ VON THUN, F.: Miteinander reden: Störungen und Klärungen, Psychologie der zwischenmenschlichen *Kommunikation*. Reinbek bei Hamburg 1981.

SEMEN, B.: *Offenheit* als Basis für partnerschaftliche Führung und Motivation: Bausteine für ein neues Denken und Handeln im Unternehmen. In: Dorn, B. (Hrsg.): Unternehmensprinzip Offenheit: Grundlagen für offene Organisationen und Kooperationen. Bonn et al. 1993, S. 259-291.

SHINGO, S.: Das *Erfolgsgeheimnis* der Toyota-Produktion. Landsberg am Lech 1992.

SLOAN, A. P.: My Years with *General Motors*. Garden City, NY. 1972.

SOHN, K.-H.: *Lean Management*: Die Antwort der Unternehmer auf gesellschaftliche Herausforderungen. Düsseldorf – Wien – New York – Moskau 1993.

SPRENGER, R. K.: *Mythos* Motivation. Wege aus einer Sackgasse. Frankfurt am Main – New York 1992.

STAEHLE, W.: *Management*. Eine verhaltenswissenschaftliche Einführung. 6. Aufl., München 1991.

STÄNDEL, T.: *Problemlösen*. In: Schorr, A. (Hrsg.): Handwörterbuch der Angewandten Psychologie: Die Angewandte Psychologie in Schlüsselbegriffen. Bonn 1993, S. 537-540.

STALK, G. und T. M. HOUT: *Zeitwettbewerb*: Schnelligkeit entscheidet auf den Märkten der Zukunft. Frankfurt am Main – New York 1990.

STECH, E. L.: Leadership *Communication*. Chicago 1983.
STEERS, R. M. and L. W. PORTER: *Motivation* and Work Behavior. New York et al. 1975.
STEINMANN, H. und G. SCHREYÖGG: *Management*: Grundlagen der Unternehmensführung. 3. Aufl., Wiesbaden 1993.
STÜRZL, W.: *Lean Production* in der Praxis: Spitzenleistungen durch Gruppenarbeit. Paderborn 1992.
SUZAKI, K.: Modernes *Management* im Produktionsbetrieb: Strategien, Techniken, Fallbeispiele. München – Wien 1989.

TAYLOR, F. W.: Die *Grundsätze* wissenschaftlicher Betriebsführung. München 1913.
THIENEL, A.: Total Quality Management und Lean Management: Zentrale *Herausforderungen* des Personalmanagements der 90er Jahre. In: Kienbaum, J. (Hrsg.): Visionäres Personalmanagement. 2. Aufl., Stuttgart 1994.
THÖNNES, K. P.: *Gruppenarbeit* in der Automobilindustrie bei der Adam Opel AG, Bochum Werk II. In: Corsten, H. und T. Will (Hrsg.): Lean Production: Schlanke Produktionsstruktur als Erfolgsfaktor. Stuttgart – Berlin – Köln 1993, S. 177-196.
THOM, N.: *Personalentwicklung* und Personalentwicklungsplanung. In: Gaugler, E. und W. Weber (Hrsg.): Handwörterbuch des Personalwesens. 2. Aufl., Stuttgart 1992, Sp. 1676-1690.
THOMMEN, A.: Innerbetriebliche *Information*: Kompendium der betrieblichen Kommunikation. Bern – Stuttgart 1981.
TITSCHER, S.: *Kommunikation* als Führungsinstrument. In: Kieser, A., G. Reber und R. Wunderer (Hrsg.): Handwörterbuch der Führung. Stuttgart 1987, Sp. 1205-1210.
TÖPFER, A.: Umwelt- und *Benutzerfreundlichkeit* von Produkten als strategische Unternehmensziele. In: Marketing, 7. Jg., 4/1985, S. 241-251.
TREBESCH, K.: *Teamarbeit*. In: Grochla, E. (Hrsg.): Handwörterbuch der Organisation. 2. Aufl., Stuttgart 1980, Sp. 2217-2227.

ULICH, E.: *Arbeitspsychologie*. 2. Aufl., Stuttgart 1992.
ULICH, E., C. BAITSCH und A. ALIOTH: *Führung* und Organisation. In: Die Orientierung, o. Jg., Nr. 81, Bern 1983.
ULICH, E. und H. CONRAD-BETSCHART: *Anreizwirkungen* von neuen Formen der Arbeitsgestaltung. In: Schanz, G. (Hrsg.): Handbuch Anreizsysteme. Stuttgart 1991, S. 71-80.
ULRICH, D.: Tie the Corporate Knot: Gaining Complete Customer *Commitment*. In: Sloan Management Review, Vol. 30, Summer 1989, pp. 19-27.
ULRICH, H.: Die *Unternehmung* als produktives soziales System. 2. Aufl., Bern – Stuttgart 1970.
ULRICH, H.: *Management*. Bern 1984.

ULRICH, H.: *Unternehmungspolitik*. 3. Aufl., Bern – Stuttgart 1990.

ULRICH, H. und G. J. B. PROBST: *Anleitung* zum ganzheitlichen Denken und Handeln. Bern – Stuttgart 1988.

ULRICH, P. und E. FLURI: Management: Eine konzentrierte *Einführung*. 6. Aufl., Bern – Stuttgart 1992.

VDI-ZENTRUM WERTANALYSE (Hrsg.): *Wertanalyse*: Idee – Methode – System. 4. Aufl., Düsseldorf 1991.

VESTER, F.: *Neuland* des Denkens: Vom technokratischen bis zum kybernetischen Zeitalter. Stuttgart 1980.

VOLK, H.: Die *Zukunft* wird im Kopf gewonnen. In: REFA-Nachrichten, 44. Jg., 5/1991, S. 38-40.

VOLK, H.: *Kaizen* – Anmerkungen zu einem Mythos. In: Personal, 45. Jg., 3/1993, S. 116-118.

WAHREN, H.-K. E.: Zwischenmenschliche *Kommunikation* und Interaktion in Unternehmen: Grundlagen, Probleme und Ansätze zur Lösung. Berlin – New York 1987.

WATZLAWICK, P., J. H. BEAVIN und D. D. JACKSON: Menschliche *Kommunikation*: Formen, Störungen, Pardoxien. 4. Aufl., Bern – Stuttgart – Wien 1974.

WEBER, D.: *Kommunikation* im Unternehmen: Die Chancen durch den Leidensdruck. In: Management Wissen, o. Jg., 4/1991, S. 28-33.

WEBER, H. K.: *Betriebliche* Wertschöpfung. In: Kosiol, E., K. Chmielewicz und M. Schweitzer (Hrsg.): Handwörterbuch des Rechnungswesens. 2. Aufl., Stuttgart 1981, Sp. 1787-1795.

WEBER, H. K.: *Wertschöpfung*. In: Chmielewicz, K. und M. Schweitzer (Hrsg.): Handwörterbuch des Rechnungswesens. 3. Aufl., Stuttgart 1992, Sp. 2173-2181.

WEBER, P.-E.: Human *Resources* – eine neue Geisteshaltung. In: io Management Zeitschrift, 59. Jg., 2/1990, S. 39-42.

WEINERT, A. B.: *Menschenbilder* und Führung. In: Kieser, A., G. Reber und R. Wunderer (Hrsg.): Handwörterbuch der Führung. Stuttgart 1987, Sp. 1427-1442.

WEINERT, A. B.: *Anreizsysteme*, verhaltenswissenschaftliche Dimension. In: Frese, E. (Hrsg.): Handwörterbuch der Organisation. 3. Aufl., Stuttgart 1992, Sp. 122-133.

WEINERT, A. B.: *Motivation*. In: Gaugler, E. und W. Weber (Hrsg.): Handwörterbuch des Personalwesens. 2. Aufl., Stuttgart 1992, Sp. 1429-1442.

WHITEHILL, A. M.: Japanese *Management*. Tradition and Transition. London – New York 1991.

WIEDEMANN, H.: *Mitarbeiter* richtig führen. 3. Aufl., Ludwigshafen am Rhein 1991.

WIENDIECK, G.: *Teamarbeit*. In: Frese, E. (Hrsg.): Handwörterbuch der Organisation. 3. Aufl., Stuttgart 1992, Sp. 2375-2384.

WILDEMANN, H.: Flexible *Werkstattsteuerung* nach Kanban-Prinzipien. In: Ders. (Hrsg.): Flexible Werkstattsteuerung durch Integration von Kanban-Prinzipien. 2. Aufl., München 1989.

WILDEMANN, H.: Das *Just-in-Time-Konzept*. 3. Aufl., München – Zürich 1992.

WILDEMANN, H.: Die modulare *Fabrik*: Kundennahe Produktion durch Fertigungssegmentierung. 3. Aufl., St. Gallen 1992.

WISWEDE, G.: *Gruppen* und Gruppenstrukturen. In: Frese, E. (Hrsg.): Handwörterbuch der Organisation. 3. Aufl., Stuttgart 1992, Sp. 735-754.

WITTMANN, W.: *Unternehmung* und unvollkommene Information: Unternehmerische Voraussicht – Ungewißheit und Planung. Köln – Opladen 1959.

WÖHE, G.: *Einführung* in die Allgemeine Betriebswirtschaftslehre. 18. Aufl., München 1993.

WOLFE, D. M. and D. A. KOLB: Career Development, Personal Growth and *Experiential Learning*. In: Kolb, D. A., I. M. Rubin and J. S. Osland (eds.): The Organizational Behavior Reader. 5th ed., Englewood Cliffs, NJ. 1991, pp. 145-174.

WOMACK, J. P. and D. T. JONES: From Lean Production to the *Lean Enterprise*. In: Harvard Business Review, Vol. 72, 2/1994, pp. 93-103.

WOMACK, J. P., D. T. JONES und D. ROOS: Die zweite *Revolution* in der Autoindustrie. Konsequenzen aus der weltweiten Studie aus dem Massachusetts Institute of Technology. 6. Aufl., Frankfurt – New York 1992.

WUNDERER, R.: Wertorientierte *Mitarbeiterführung* als strategische Aufgabe. In: io Management Zeitschrift, 59. Jg., 2/1990, S. 35-38.

WUNDERER, R.: *Führung* und Zusammenarbeit: Beiträge zu einer Führungslehre. Stuttgart 1993.

WUNDERER, R. und W. GRUNWALD: Führungslehre. Band 1: *Grundlagen* der Führung. Berlin – New York 1980.

WUNDERER, R. und W. GRUNWALD: Führungslehre. Band 2: Kooperative *Führung*. Berlin – New York 1980.

YOSHINO, M. Y.: Japans *Management*: Tradition im Fortschritt. Düsseldorf – Wien 1970.

ZANDER, E.: *Informationspolitik* gegenüber den Mitarbeitern. In: Der Betriebswirt, 20. Jg., 6/1979, S. 18-26.

ZEPF, G.: Kooperativer *Führungsstil* und Organisation: Zur Leistungsfähigkeit und organisatorischen Verwirklichung einer kooperativen Führung in Unternehmungen. Wiesbaden 1972.

Stichwortverzeichnis

Ablauforganisation .... 34; 51 ff.
ADAM OPEL AG 138
Akquisitionen 42
Anreize .... 35; 133 ff.
Anreizsystem .... 125 ff.
Anreiz-Beitrags-Theorie .... 125 f.
ANSOFF, H. IGOR 41
Arbeitsanordnung 108
Arbeitsausführung 20; 72; 76; 91; 94; 108
Arbeitsbedingungen 25; 65 ff.; 77 f.; 94; 133; 137
Arbeitsgruppen .... 86 ff.
Arbeitsmotivation .... 66 ff.; 73 f.
Arbeitsorganisation 5; 82; 90; 111; 113
Arbeitsteilung .... 15; 51; 93; 111 f.; 138
Arbeitsweisen, ganzheitliche 20
ATHOS, ANTHONY G. 61
Aufbauorganisation 34; 51
AUSTIN, NANCY 68
Autorität 57; 78

BARNARD, CHESTER I. 125
BAYER AG 97
Bedürfnisbefriedigung .... 63 ff.; 67 f.
Bedürfnishierarchie 64
Beschaffung, schlanke .... 25 f.
BLEICHER, KNUT 33; 79
BOGASCHEWSKY, RONALD 19; 26

Cafeteria-Modelle .... 131 f.
Closed-Loop-Zellen 51
Continuous Improvement Process ...... 4 f.

DAIMLER BENZ AG .... 41 f.
Denken, ganzheitliches ...... 29 ff.; 33 f.; 121; 130
Denkweisen, vernetzte 24

Diskontinuität 29
Diversifikation .... 41 ff.
Divisionalisierung 16

Economies-of-scale-Effekte 44; 139
EDV-Systeme .... 105 f.
Eigenproduktion .... 43f.
Einzelproduktion (-fertigung) ...... 11; 13 f.; 17; 20
EISENHOWER, DWIGHT D. .... 62 f.
EMERY, FRED 72
Entscheidungsbefugnisse .... 52 f.; 93 ff.
Entwicklung, schlanke .... 25 f.

Fertigungstiefe 5; 43
FLEISHMAN, EDWIN A. 58
Flexibilität 14; 20; 52; 80; 88; 97; 111 ff.; 130; 136
Flußfertigung .... 12 ff.; 20
FORD, HENRY .... 11; 13; 15 f.; 17
Fremdbezug .... 5; 43 f.
Führung .... 8; 55 ff.; 69; 77 ff.; 97 ff.; 137
Führungskräfte .... 57 ff.; 63; 69; 73 f.; 97; 139
Führungsstil .... 57 ff.; 65; 78 f.
Führungsstiltypologien 58

Ganzheitliches Denken .... 29 ff.
GAUGLER, EDUARD 102
GENERAL MOTORS 16; 18; 139
Geschäftsrisiko 43
GOMEZ, PETER 31; 33
Gruppenarbeit .... 5; 85 ff. 90; 99
GUTENBERG, ERICH 35

Hawthorne-Experimente 85; 94
HERZBERG, FREDERICK .... 65 ff.
Hierarchieebene (-stufe) .... 51 f.; 91

Hirzel, Matthias 23
Humanisierung der Arbeit 7; 76; 88; 90; 137
Humankapital 7; 115
Human-Relations-Schule 71; 85
Human-Resources-Schule .... 71 f.

Informationen .... 24; 52; 96; 100 ff.
Informationspolitik .... 101 ff.
Inglehart, Ronald .... 75 f.

Job-Rotation 118
Jones, Daniel T. 19; 25
Just-in-Time .... 5; 49 f.

Kaizen 4; 21; 92
Kanban 50
Kernaktivitäten .... 8; 34; 41 ff.
Kernaufgaben 5; 42
Koalitionstheorie .... 125 f.
Kommunikation .... 24; 47; 56; 94 ff.;
100 ff.; 124
Kommunikationsbereitschaft .... 106 f.
Kommunikationswege 47; 52; 105
Kompetenz, fachliche .... 112 f.
Kompetenz, soziale .... 54; 112 ff.
Komplexität .... 29 f.; 33; 39; 45; 48; 51
Konflikte .... 109 f.
Konflikthandhabung .... 103; 109 f.
Kontaktspielraum .... 94 f.
Krafcik, John F. 12; 140
Kundennähe 3
Kundenorientierung .... 8 f.; 34; 46 f.; 80
Kundenzufriedenheit .... 46 f.; 88

Lawrence, Paul R. 51
Lean Enterprise .... 19; 25 ff.
Lean Management .... 19; 23 ff.; 36
Lean Production .... 1; 11 f.; 17 ff.; 140

Leistungsanreize .... 82; 132 f.
Leistungserstellung 35; 83; 126
Leistungsfähigkeit, wirtschaftliche .2; 81; 125; 136
Leistungsmotivation .... 68 f.; 73; 87; 128; 134 f.
Leistungstiefe 5; 43; 48
Lernbereitschaft .... 120 ff.; 130
Lernen .... 120 ff.
Lernen, individuelles .... 122 ff.
Lernen, organisationales .... 122 ff.
Lernfähigkeit .... 124 ff.
Likert, Rensis 58
Lodi-Modell 131
Lohnkosten 3
Lorsch, Jay W. 51

Macharzina, Klaus 103
Make-or-Buy 5; 43
March, James G. 125
Maslow, Abraham H. .... 64 ff.
Massachusetts Institute of Technology
(MIT) 1; 11
Massenproduktion (-fertigung)...11; 14 ff.; 20; 51;
80; 134
McClelland, David C. 68
Mehrwert 35
Menschenbilder .... 69 ff.
Mitarbeiterbeeinflussung 103
Mitarbeiterführung .... 7 ff.; 55 ff.; 63; 66; 73 f.;
79 ff.; 127; 139 f.
Mitarbeiterorientierung ... 6 f.; 27; 59 f.; 66; 80 f.;
102; 136 ff.
Motivation ....52; 55; 62 ff.; 101; 110; 127 ff.; 139
Motivationsstruktur .... 71 f.; 127 f.
Motivationstheorien .... 63 ff.; 81
Motivierung .... 62 f.; 66; 74

Nissan 139
NUMMI 139

Stichwortverzeichnis

Offenheit ...106 f.; 124	SAAB ...86
OHNO, TAIICHI ...17	SCHEIN, EDGAR H. ...70 f.
Organisation, schlanke ...26; 105	Schlüsselqualifikation ...112 ff.; 119
Organisationspyramide ...52	SCHOLZ, CHRISTIAN ...56; 78
Organisationsstruktur ...51	Scientific Management ...14; 33
Outsourcing ...5	Selbstverwirklichung 64 ff.; 71 f.; 82; 99; 102; 135
	SIMON, HERBERT A. ...125
PASCALE, RICHARD T. ...62	Simultaneous Engineering ...5
Personalentwicklung ...78; 114 ff.	SLOAN, ALFRED P. ...16
Personalkosten ...2 f.	Synergieeffekte ...42 f.
PETERS, THOMAS J. ...42; 68	System, integriertes ...37
PFEIFFER, WERNER ...23; 36; 39	System, soziales ...29; 33; 56
Philosophie, schlanke ...25 f.	Systemansatz ...33
Problemlösen ...31 f.; 124	Systemlieferanten ...48 f.
Problemstrukturen, komplexe ...24	
PROBST, GILBERT J. B. ...31; 33	TAYLOR, FREDERICK W. ...11; 13 ff.
Produktionsplanung ...48	Teamarbeit ...5; 20; 85 ff.
Produktionssystem ...1 f.; 17	Teams ...5; 20; 86 ff.; 124
Produktivität ...16; 22	THORSRUD, EINAR ...72
Profit Center ...16	Total Productivity Maintenance ...5
Projektgruppe ...51	Total Quality Management ...4
Projektorganisation ...52 f.	TOYODA, EIJI ...17
Prozeßorientierung ...52	TOYOTA MOTOR COMPANY ...17 f.; 139
	Toyota Production System ...18
Qualifikationsanforderungen ...20; 114	Transaktionskosten ...43 f.
Qualifizierung ...103; 111 ff.	
Qualifizierungsmaßnahmen ...118	ULRICH, HANS ...31; 33
Qualität ...4; 18; 22; 36	Unternehmungsführung ...6 f.; 23; 26; 33; 55 f.; 68; 71; 78 ff.; 82 ff.; 137
Qualitätsmanagement ...4	
Qualitätsorientierung ...3	Unternehmungsumwelt ...29; 38 f.; 103
Rapid Setup ...6	Value Analysis ...5 f.; 40
Rationalisierungsmaßnahmen ...2	Value Engineering ...5 f.; 40
Rationalisierungspotential ...3	Verantwortung ...6; 52; 65 ff.; 73; 78; 86; 96 ff.; 136
Reaktionsfähigkeit ...3; 80; 112	
ROOS, DANIEL ...19; 25	Verhaltensbeeinflussung ...101 ff.
ROSENSTIEL, LUTZ VON ...94	Verschwendung, Vermeidung von ...7; 27; 138
	Vertrieb, schlanker ...25 f.

Verwaltung, schlanke ....25 f.
VOLKSWAGEN AG 131
VOLVO ....85 f.

Wachstum ....41; 44; 76 f.; 139
WATERMAN, ROBERT H. 42
WEISS, ENNO 23; 36; 39
Wertanalyse 6; 40
Werte ....35; 75 ff.
Wertewandel ....55; 75 ff.
Wertschöpfung ....3 f.; 8; 18; 20; 24; 27; 34; 35 ff.
Wertschöpfungskette ....23; 36 ff.; 50; 53

Wertschöpfungsnetzwerk ....23 ff.; 37 ff.; 49
Wertschöpfungsprozeß ....2 ff.; 21; 24; 46 f.; 55; 109; 137
Wertsteigerung 27
Wettbewerbsfähigkeit ....2; 7; 37; 54; 80 ff.; 116; 125
Wettbewerbsvorteile 37; 40; 49
WIEDEMANN, HERBERT 61
Wirtschaftlichkeit ....2 ff.; 80; 136 f.
WOMACK, JAMES. P. 19; 25

Zulieferer ....9; 38 ff.; 48 f.
Zwei-Faktoren-Theorie ....65 ff.

Zum Autor

Stefan Eberhardt, geboren 1968, ist ledig, lebt in Waiblingen und arbeitet in Stuttgart. Nach dem Abitur studierte er Wirtschaftswissenschaften mit der Vertiefungsrichtung Betriebswirtschaftslehre, insbesondere Personalwesen, Organisation und Unternehmungsführung. 1994 schloß er sein Studium als Diplom-Ökonom mit Prädikat ab.

Von 1990 bis 1994 arbeitete er als wissenschaftliche Hilfskraft, zunächst am Institut für Betriebswirtschaftslehre an der Universität Hohenheim in Stuttgart, dann bei der ROSENBERGER & PARTNER UNTERNEHMENSBERATUNG BDU in Leonberg.

Seit 1994 ist er wiederum am Institut für Betriebswirtschaftslehre an der Universität Hohenheim als wissenschaftlicher Mitarbeiter tätig. Die Schwerpunkte seiner Arbeit liegen in den Bereichen der systemorientierten Organisationsforschung sowie der Unternehmungsführung, hier insbesondere bei neueren Ansätzen der Unternehmungs- und Personalführung.

Seit Januar 1995 ist er Dozent für Organisationslehre und Finanzplanung an der Berufsakademie Baden-Württemberg in Stuttgart.